《商务英语研究(第三辑)》编委会

主　任：王仁强

编　委：王立非　胡春雨　胡文飞　张家瑞
　　　　董曼霞　史兴松　刘兴兵　徐　建

Business English Studies 3
商务英语研究 (第三辑)

主编 胡文飞 董曼霞 徐 建

图书在版编目（CIP）数据

商务英语研究．第三辑 / 胡文飞，董曼霞，徐建主编．-- 成都：四川大学出版社，2024.10. -- ISBN 978-7-5690-7322-5

Ⅰ．F7

中国国家版本馆 CIP 数据核字第 2024G9H994 号

书　　名：	商务英语研究（第三辑）
	Shangwu Yingyu Yanjiu (Di-san Ji)
主　　编：	胡文飞　董曼霞　徐　建

选题策划：	刘　畅
责任编辑：	刘　畅
责任校对：	于　俊
装帧设计：	墨创文化
责任印制：	李金兰

出版发行：	四川大学出版社有限责任公司
地　　址：	成都市一环路南一段 24 号（610065）
电　　话：	（028）85408311（发行部）、85400276（总编室）
电子邮箱：	scupress@vip.163.com
网　　址：	https://press.scu.edu.cn
印前制作：	四川胜翔数码印务设计有限公司
印刷装订：	四川五洲彩印有限责任公司

成品尺寸：	170 mm×240 mm
印　　张：	12.75
插　　页：	2
字　　数：	225 千字

版　　次：	2024 年 11 月 第 1 版
印　　次：	2024 年 11 月 第 1 次印刷
定　　价：	68.00 元

本社图书如有印装质量问题，请联系发行部调换

版权所有 ◆ 侵权必究

扫码获取数字资源

四川大学出版社
微信公众号

商务英语
研究 第三辑
Business
English
Studies 3

序

从商务英语到新质生产力话语
——论商务英语研究的转向

新的一辑《商务英语研究》与读者见面了,我祝贺这本学术集刊的出版,同时,也借这个学术园地,分享一点有关商务英语研究的看法,作为集刊的序言,与各位同行探讨。

一、商务英语的发展历程

在经济全球化和我国对外开放的大背景下,商务英语作为国际商务通用语,受到国内外学术界的关注与重视。改革开放40多年来,随着全球经济形势的变化和中国经济的强势崛起,商务英语研究需要不断调整和升级。我认为,商务英语研究经历40多年的发展历程,经历了从"商务英语"到"商务话语""经济话语",再到"中国式经济话语",最终到"新质生产力话语"的四个转向,这种转向非常必要,具有理据及实现路径。

1. 商务英语引进阶段(1978—1990)

改革开放初期,中国开始引进外资和技术,国际交流的需求增加。商务英语作为对外沟通的工具开始引进和受到重视。商务英语教育开始起步,主要集中在高校和部分专业培训机构。注重实用交流,主要为满足外贸、旅游和基础商务沟通的需要。大量引进国外教材,课程内容多以基础商务交际为主。

2. 商务话语发展阶段(1990—2001)

随着市场经济体制的逐步建立,商务活动的复杂性和多样性不断增加。商务英语逐渐从简单的贸易沟通扩展到更广泛的管理和营销领域，从而转向商务话语。商务话语涵盖市场营销、企业管理、财务分析等多个领域。专业商务英语课程和教材开始出现，强调行业术语和专业技能，跨文化沟通成为重要课题。

3. 经济话语融入阶段（2002—2012）

中国加入世贸组织，经济全球化进程加快，中国经济开始融入世界经济体系，经济政策和商业实践的国际化趋势明显。商务话语转向与世界接轨的经济话语。经济话语中融入大量国际标准和规范，强调全球视野。政府的政策对经济发展的引导作用增强，话语中强调经济政策解读，科技创新和新兴产业的发展成为经济话语的重要内容。

4. 中国式经济话语转型阶段（2013—2019）

中国经济进入"新常态"，开始强调经济结构调整和高质量发展。中国式经济话语自主话语体系开始构建和形成，突出显示中国特色和中国道路。这个时期，中国经济增速放缓，结构优化成为重点，话语中强调创新和可持续性，强调中国特色的社会主义市场经济，注重社会公平和生态文明，提出"一带一路"倡议和"人类命运共同体"概念，中国式经济话语在国际上产生更大影响。

5. 新质生产力话语创新阶段（2020至今）

这个阶段，数字经济、绿色经济和智能制造成为经济发展的新动能。中国式经济话语进入新质生产力创新阶段，新质生产力话语强调技术创新和可持续发展，数字技术在各行业得到广泛应用，推动生产力全面升级。话语中强调数字经济和智能化，可持续发展和绿色技术成为话语的重要组成部分。强调国内国际双循环，推动经济高质量发展。

这五个阶段反映出中国在不同历史时期的经济社会发展特点以及相应的话语变化，体现出从引进到创新，到自主发展，再到自主创新的历史进程。

二、从商务英语到商务话语的转向

传统的商务英语被看作专门用途英语的一个分支,是国际商务活动中使用的通用语,主要聚焦于听说读写语言技能的培养和应用,关注词汇、语法、语用等方面。然而,随着国际商务活动的复杂化,仅仅依靠语言技能已不能应对多样化的商务交流需求。因此,商务英语的研究重心转向商务话语。一是打破英语一统天下的局面,把其他商务中使用的其他语言也包括在内,如日语、俄语、汉语等,以更全面地理解和分析商务交流中的语言使用现象。二是更加强调语言和语境的相互关系和作用,强调商务语境中书面和口头语言的功能和使用,语言作为商务交际的工具和属性,把语境化的语言作为概念的核心,关注在商务组织机构和商务活动中人们如何有效沟通(王立非、张斐瑞,2016)。商务话语研究超越了语言形式,关注语言在特定商务情境中的功能和意义。不仅涉及语言的使用,还包括商务交际中的文化、社会和心理因素。这种研究视角揭示商务交流中隐含的权力关系、文化差异和社会规范。实现从商务英语到商务话语的转向,需要重新设计课程内容,将商务沟通策略、跨文化交际能力和语用能力纳入教学目标。同时,研究者应采用话语分析、语料库分析等方法,深入探讨商务交际中的语言现象。

三、从商务话语到经济话语的转向

全球经济一体化进程不断加深,中国经济融入世界经济,经济活动的范围和影响力变得越来越大,经济治理在全球治理中扮演重要角色。商务活动不再局限于商业、企业或商人层面,而是涉及更广泛的经济领域。因此,商务话语研究需要扩展到经济话语,以适应新的研究需求。经济话语指经济活动中用于提出经济主张、表达经济思想、促进经济交流、沟通经济信息、增强经济话语权的话语体系,具体表现为论述、交流、演说、讨论、写作等,包括宏观经济话语、中观经济话语和微观经济话语,是国家话语能力的构成要素之一(王立非、张新玲、任杰,2022)。经济话语研究关注语言在经济活动中的作用，涉及世界经济走向、宏观经济政策、市场行为、金融交易等领域，通过研究经济话语揭示经济活动中的国家意志、经济话语权、经济立场、政策导向和社会影响等，更好地透过话语理解经济现象，从而更好地理解经济现象背后的话语产生和传播机制。要实现从商务话语到经济话语的转向，研究者需要跨学科合作，结合经济学、社会学等领域的理论和方法。同时，应用跨学科的研究工具，如经济数据库和引力模型，深入分析经济话语的意图、传播方式、产生的经济影响和经济后果等。

四、从经济话语到中国式经济话语的转向

中国经济快速发展，经济实力不断增强，国际影响力大幅提升，使得中国式经济话语的研究具有重要的现实意义。中国式经济话语指在经济领域基于中国特色社会主义市场经济体制、发展经验、理论观点和文化背景所形成的独特表述方式、思维方式和沟通模式，体现了中国的价值观念和文化传统（王立非、李昭，2024）。传统的经济话语研究多以西方经济模式为基础，忽视了中国独特的发展经验、发展道路和经济模式。因此，研究中国式经济话语有助于构建具有中国特色的经济理论体系。中国式经济话语不仅反映了中国的经济政策和发展理念，还包含了中国文化、社会价值观和历史背景。研究中国式经济话语可以揭示中国经济发展的内在逻辑和独特优势，为全球经济提供新视角。实现从经济话语到中国式经济话语的转向，需要加强对中国经济政策、发展战略和社会文化的研究。同时，应注重国际传播，提升中国式经济话语的国际影响力和话语权。

五、从中国式经济话语到新质生产力话语的转向

进入新时代以来，科技创新、数字经济和绿色发展成为我国经济增长的新动力。新质生产力话语研究关注这些新兴领域，探索它们对经济发展的影响和语言表达。因此，从中国式经济话语转向新质生产力话语，是适应时代变化和推动经济转

型的必然选择。新质生产力话语反映了经济发展的新趋势，涉及技术创新、可持续发展、数字化转型等方面，包括人工智能话语、新能源话语、脑机接口话语、数字贸易话语等。研究新质生产力话语可以揭示这些新兴领域的语言特征和话语模式，为经济政策制定和产业发展提供语言支持。要实现从中国式经济话语到新质生产力话语的转变，研究者需要关注科技、环境和数字化等领域的发展动态，结合语言学、信息科学和环境科学等多学科视角。同时，加强与产业界的合作，推动新质生产力话语的实际应用。

商务英语研究从"商务英语"到"商务话语""经济话语"，再到"中国式经济话语"，最终到"新质生产力话语"的四个转变不仅是学术研究的深化和拓展，也是适应时代变化和推动经济发展的必然选择。通过这些转变，商务英语研究能够更好地服务于经济全球化和中国经济的高质量发展，为国际商务交流和经济合作提供有力的语言支持。实现这些转变需要跨学科合作、多元化研究方法和实践应用相结合，我们期待《商务英语研究》奉献更多优秀成果。

王立非

北京语言大学教授，博士生导师

2024年10月7日于北京

参考文献

王立非，张斐瑞，2016. 国际商务谈判的互动话语理论基础与研究现状[J]. 山东外语教学，36（6）：11-20.

王立非，张新玲，任杰，2022. 经济话语新发展研究[M]. 北京：清华大学出版社.

王立非，李昭，2024. 中国式经济话语的内涵、理论基础与研究重点[J]. 外国语文（3）.

目录 Contents

"新文科"背景下商务英语专业数字信息化能力的培养与实践　张保培　杜嘉琪/001

新时代外语复合型人才的话语身份建构刍议——以商务英语为例　杨金龙　温澜馨/016

"翻转课堂+对分课堂"在商务英语阅读课程中的应用　陈念君/029

对于模拟谈判教学中"真实性"困境的反思和应对　余　静/041

美媒对中美经济报道的批评认知分析　李　慧/053

外语听力教学综述及对商务英语教学的启示　张运佳　徐　建/072

影响出国导向学生全英学术课堂听力可理解输入因素研究　陈　曦/085

生态翻译学视域下的公共卫生公示语翻译探究　袁　奇　陈文润/104

文献计量学框架下的粉丝经济研究（2013—2022）——基于Citespace的可视化分析
　　曾　涔　胡文飞/121

超语视域下外语复合型专业课程教学媒介语研究——以四川外国语大学商务英语
　　专业为例　王振欣　熊　青/138

商务英语阅读教材跨文化元素对比研究　贾　蕃　马　颖　聂玉婷/156

多模态视角下商务英语听力教学模式实证研究　姜林依　林　红/184

"新文科"背景下商务英语专业数字信息化能力的培养与实践[1]

张保培[2]　杜嘉琪[3]

摘要：数智时代催生"新文科"和"新外语"。作为"新文科"的典型，商务英语专业如何在国家数字经济发展战略背景下培养学生的数字信息化能力，已成为专业建设的核心问题之一。数字信息化能力，涵盖数字化信息素养和量化思维能力，是一个能力组，由技术能力、认知能力和社会情感能力三个维度构成。本文以辅导学生参加全国商务英语实践技能大赛的实践教学为案例，践行新伦敦小组的多元读写能力培养模式，以期促进商务英语专业学生数字信息化能力的提升。

关键词：新文科；商务英语专业；数字信息化能力；多元读写能力

---

[1] 本文是郑州地方高校教育教学改革工程项目"应用型本科商务英语专业跨境电商方向探索"（项目编号ZZJG-C9057）、河南省2022年本科高校研究性教学改革研究与实践项目"新时代研究性教学中外语专业教师素质能力结构及培养路径研究"阶段性研究成果。
[2] 张保培，硕士，郑州升达经贸管理学院外国语学院副教授，主要研究方向为商务英语教育、商务话语研究。
[3] 杜嘉琪，郑州升达经贸管理学院外国语学院商务英语专业2019级学生。

Cultivation and Practice of Digital Literacy of Business English Major in the Context of New Liberal Arts

ZHANG Baopei   DU Jiaqi

Abstract: The advent of digitalization and artificial intelligence has given rise to new liberal arts and new foreign language studies. Under the background of national digital economy development strategy, Business English major, as a typical new liberal arts, faces how to cultivate students' digital literacy, which has become one of the core issues in specialty construction. Digital literacy, covering digital information literacy and quantitative thinking ability, is a group of competencies consisting of three dimensions: technology, cognition and social emotion. Taking the practical teaching of the National Business English Practical Skills Competition as a case, this paper applied New London Group's pedagogy of multiliteracies, in hope of effectively promoting the improvement of the digital literacy of business English majors.

Key words: new liberal arts; Business English major; digital literacy; multiliteracies

1 引言

进入21世纪以来，随着网络以及计算机软硬件的快速升级，人类社会已全面迈入数字化和人工智能时代。数字经济是数字化时代最典型的代表，是以数字化的知识和信息作为关键生产要素，以数字技术为核心驱动力，以现代信息网络为重要载体，加速重构经济发展与治理模式的新型经济形态，包括应用大数据、云计算、物联网、区块链、人工智能、5G通信等新兴技术开展电子商务、数字贸易、新零售、智能制造等。2021年10月18日，习近平总书记在十九届中共中央政治局第三十四次集体学习时强调，发展数字经济是把握新一轮科技革命和产业变革新机遇的战略选择，"当今时代，数字技术、数字经济是世界科技革命和产业变革的先机，是新一轮国际竞争重点领域，我们要抓住先机、抢占未来发展制高点"，"要积极参与数字经济国际合作，主动参与国际组织数字经济议题谈判，开展双多边数字治理合作，维护和完善多边数字经济治理机制，及时提出中国方案，发出中国声音"。[1]

新时代的发展呼唤"新文科"，而"新文科"发展催生"新外语"学科。在这场科技革命所带来的知识革命中，人文社会科学面临众多新的挑战，例如如何培养具备创新性知识和创新性技术的综合人才；如何将知识传承、人文精神与科技创新实践相融合，使后者具备更高的社会责任感并接受更为崇高的人类共同体的未来命运等。[2] 为了应对这些挑战，2020年11月教育部推出了全面推进"新文科"建设的指导性纲领文件《新文科建设宣言》，从提升综合国力、坚定文化自信、培养时代新人、建设高等教育强国、文科教育融合发展五个方面明确了新文科建设的必要性。针对外语学科，"新文科"的核心要义就是要立足新时代，回应新需求；面向国家战略，突出中国特色，充实外语学科内涵；确立新的评价要求和标准，培养跨学科、复合型的高素质外语人才；顺应互联网和数智时代新发展，推进文理交叉、文

---

[1] 新华社，《习近平主持中央政治局第三十四次集体学习：把握数字经济发展趋势和规律 推动我国数字经济健康发展》，https://www.gov.cn/xinwen/2021-10/19/content_5643653.htm。
[2] 邓耀臣，《新文科背景下的语言数字人文研究：学科理念与创新实践》，外教社暑期卓越外语教师发展论坛之"学术引领：高校外语教师科研素养提升"上的讲座，2022年7月25日。

文交叉，重构外语学科的知识体系。

商务英语专业是典型的新文科专业，隶属外国语言文学学科，实现英语学科和商务学科的交叉与融合：以英语语言文学和文化主体学科知识为主，以应用经济学或工商管理学等跨学科知识为辅，商务知识服从和服务于外语人才培养，主辅知识相互交叉，构建复合型人才的知识体系。作为对"新文科"和数字化时代的回应，2020年4月教育部颁布《普通高等学校本科外国语言文学类专业教学指南》（以下简称《指南》），针对商务英语专业人才提出了两个能力新要求：数字化信息素养和量化思维能力。在"新文科"和国家数字经济发展战略背景下，如何培养学生的数字信息化能力已成为商务英语专业建设的核心问题之一。虽然学界都认可数字信息化能力是商务英语专业人才必备的能力之一，也有学者采用问卷调查的方式分析研究商务英语专业能力培养的现状和存在的问题并提出建议，如唐沛（2021）；张德禄（2019）研究外语专业本科生信息技术能力培养模式，但鲜有学者就商务英语专业人才数字信息化能力的培养开展研究与实践。因此，本文在文献综述的基础上，首先明确数字信息化能力的构成，然后基于新伦敦小组多元读写能力培养模式，从商务英语实践教学（赛事辅导）入手，探讨数字信息化能力的培养与实践。

2　商务英语专业数字信息化能力的培养与实践

2.1　数字信息化能力的构成

英语中对应汉语"能力"的词有许多，如ability、competence（competency）、capacity、aptitude、talent、proficiency、literacy、skill等。张德禄等（2021：46）对这些词进行了辨析，指出ability是最中性的表达能力的术语，是人天生的或习得的可成功完成某项任务或工作所具备的特质；capacity是更加具体的ability，是在个体层面可以从质和量上进行衡量的具体能力；competence作为语言学术语，被Chomsky定义为一个完美的语言使用者对母语的潜在知识，是内化在大脑之中与生俱来的语言能力，随后被Hymes扩展为交际能力（communicative competence）；

competency是一个范围较小、与具体标准相联系的能力；aptitude是在某个领域或学科中可以通过测试衡量的学习能力；proficiency与aptitude类似，都是根据标准衡量的能力；talent是一种在某个领域的超强能力；skill则是一种具体的操作能力，即一种技巧。literacy传统上指书面语的读写能力，是"有文化"的标志，但随着计算机网络和数字技术的发展，意义生成的模态包括语言、视觉图像、声音、空间、手势语以及综合运用前五种模态的多模态，literacy被赋予了新的、更宽泛的意义，例如张德禄、刘睿（2014）就把新时期外语专业大学生应该具备的能力概括称为多元读写能力（multiliteracies），又称多元识读能力，而此术语最早由新伦敦小组（New London Group，1996）提出。当然，使用competence指代大学生能力更为普遍，比如国内张德禄、陈一希（2015）和张德禄（2018）在探讨外语专业本科生多元能力时，使用的就是multiple competence；国外Strijbos等（2015）、Berestneva等（2015）在讨论本科生通识能力和综合能力时，也是使用competence(s)。较之于competence，被赋予新意的literacy更具有时代感，所以本文所讨论的数字信息化能力亦使用（digital）literacy。

　　数字信息化能力本身不是一种能力，而是一组能力的融合，是通过现代科学技术和新媒体掌握并处理信息、有效使用信息的能力。参照Ng（2015）对数字能力的构想，数字信息化能力需要从三个维度来建构，除了技术能力，另外两个关键因素是认知能力和社会情感能力。技术和认知维度强调的就是《指南》中明确的数字化信息素养和量化思维能力，即能安全、负责、恰当地使用数字工具、技术和设备，明确信息需求，有效获取、分析、整合、评估、管理和传递信息和数字资源，同时要具有批评思辨能力和多元读写能力。社会情感维度强调数字伦理、隐私保护和网络礼仪。三者关系可以用图1表示。

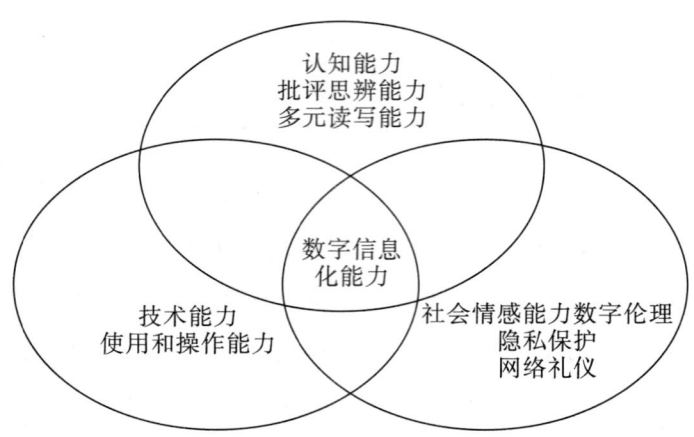

图1　数字信息化能力框架

2.2　数字信息化能力的培养模式

商务英语专业数字信息化能力培养目标就是要让学生具备数字化信息素养和量化思维能力，即不仅能恰当地使用数字工具、技术和设备有效获取、分析、整合、评估、管理和传递信息和数字资源，更要能对国际商务环境中的主要因素进行评价和判断，在商务分析和决策中能有效运用多模态工具（图表、声音、视频等），量化、呈现、说明商务信息，并能对多模态数据所表达的信息进行描述、分析、整合和评价，在此过程中还要注意数字伦理、隐私保护和网络礼仪等。由此可见，培养学生的数字信息化能力需要设计教学，学生不能是被动地执行和接受，而是要激发学生的积极性，引导学生充分利用多种模态资源和跨学科的相关知识，发展更强的分析评价能力和思辨创新能力。这就和新伦敦小组的设计学习理论及多元读写能力培养模式不谋而合。课程教学是一个多模态语篇，一个意义建构的过程，教师是设计者，用各种多模态资源建构多重意义（New London Group，1996；Cope & Kalantzis，2000）。张德禄（2019）就采用多元读写能力培养模式从宏观理论层面探讨了信息技术能力的培养。

新伦敦小组多元读写能力培养模式包括四个组成部分：实景实践（situated practice）、明确教授（overt instruction）、批评框定（critical framing）、转换实践（transformed practice）（New London Group，2000）。从学生学习的角度出发，与以上四个教学步骤对应的学习过程是亲身经历（experiencing）、概念化（conceptualizing）、批评分析（analyzing）和实践应用（applying）（Cope & Kalantzis，2015：17）。就其个方面而言，都不是新的概念，是任何语言学习都会涉及的过程，只是以往的教学方法通常只强调其中某个方面，而忽略其他。实景实践是教师引导学生浸入实际语境，感受学习对象的过程；明确教授指教师使用元语言在课堂上讲授重点和难点的过程；批评框定是教师引导学生通过思考和批评，把理论和概念变成客观知识的过程；转换实践是学生把学到的知识用于实践，解决现实问题的过程。这四个阶段的关系和顺序是：实景实践和明确教授是语言教学的主要方式和步骤，相互依存，出现的顺序也无法分孰先孰后，需要根据具体情况而定；批评框定实际上出现在整个教学过程中，教师时刻在培养学生的思辨意识和看问题的角度；转换实践是以上三个设计过程的结果，但这个过程不是终结，因为许多知识和能力要经过反复实践来获得，转换实践可以在需要时转化为实景实践，形成一个循环。

3 案例分析

人才培养目标的实现需要有效的课程体系支撑，包括课堂教学和实践教学两大方面（张保培，2021）。商务英语专业数字信息化能力的培养不仅需要通过设置专门的课程进行课堂教学，更需要与实践教学相结合。依据《国标》，商务英语专业实践教学环节涵盖实训、实践与实习，由专业教师和行业专家共同指导完成；专业实训在商务实训室等模拟仿真教学环境中进行；专业实践在第二课堂活动和涉外商务活动等课外环境中完成；专业实习在已签约或定点的校外实习基地集中实施或自主完成。在商务英语实践教学中培养数字信息化能力，可以将商务英语运用能力、跨文化商务沟通能力（外语专业能力层面）和国际商务实践能力（跨学科能力层面）融合在一起。下面就以课外环境下2022年"亿学杯"全国商务英语实践技能大赛（主题演讲环节）的辅导过程为例，践行多元读写能力培养模式，以赛促学，以赛促教，提升学生数字信息化能力。对培养数字信息化能力而言，虽然这种能力是一种实践能力，但掌握相关知识是先决条件：学生掌握了相关知识和概念，才能运用这些知识进行实践活动。因此，该培养模式的第一个阶段是明确讲授，然后进行实景实践、反思和评价，最后进行应用和创新（转换实践）。

3.1 明确讲授

2022年第六届"亿学杯"全国商务英语实践技能大赛（河南赛区）主题演讲题目：请对一家正在或即将进行数字化转型或升级的企业进行调研，分享该企业数字化尝试和取得成果，包括但不限于研发设计、生产制造、经营管理、市场服务、对外贸易等方面，同时提出你自己的看法或建议。要求：各参赛队伍（3～5人）根据题目进行企业考察与数据采集，制作演示文稿PPT（全英文），录制演讲视频，展示研究目的、实践过程及研究结果，限时8分钟以内。

指导教师根据主题演讲题目要求，带领参赛学生重点学习了企业数字化转型的基本概念，包括企业数字化转型的定义、本质、使用手段、战略步骤等。在掌握基本理论知识的前提下，引导学生找到演讲环节的整体逻辑思路（企业数字化现状—现存问题—解决方案）。同时，带领学生回顾往年参赛的视频，和学生一起探讨各种模态在呈现信息时的特点，如运用图表将数据进行量化，以此达到数据可视化；以及如何实现多模态的综合运用，如将视觉模态和听觉模态相结合。在观看往年参赛视频时，学生们对视频内容信息进行分析整合，快速了解演讲流程，熟悉演讲框架。

3.2 实景实践

在形成初步逻辑后，教师鼓励学生们通过小组分工的形式分别搜集相关企业信息。学生们围绕数字化转型进行信息搜索，筛选出以下企业——伊利"数字牛奶"、洛阳龙凤山庄旅游公司、叮咚买菜、叮当智慧药房有限公司，并通过师生共同讨论具体分析了每个企业的数字化现状以及发展空间，一致认为"数字牛奶"为最佳选择。但由于伊利集团在数字化方面的实践成果较为完善，可提升空间相对本土企业来说较小，最终确定目标企业为花花牛乳业。

在进行企业调研的过程中，学生充分利用互联网媒介，查找相关领域的文献资料，检索企业官网和微信公众号等，按照逻辑框架整理出有效信息。受到疫情的影响，比赛形式改为线上，对于呈现效果有较大限制。学生们在熟悉平台具体操作后，经小组讨论决定采用公司开会的表现形式，同时根据组员人数划分配角色：一人负责提出问题，两人汇报数字化现状，两人汇报数字化对策。合理分好角色后，学生们根据自己所负责的内容撰写讲稿。在PPT制作方面，采用了数字科技感主题，内容主要以图文的形式展现，在此基础上添加大量动画来增强视觉效果。

3.3 批评框定

学生通过自主实践形成PPT和讲稿的最初版本，并进行演讲录播。指导教师在此基础上要求学生对照录播先进行自评，判断讲稿和PPT中所呈现的信息是否合适，思考如何把声音、文本、图片按照合理的顺序呈现出来，实现多模态的综合运用。然后引导学生根据口头报告自评清单（表1）（参考张德禄等，2021：344），从主题、语言、多模态设计、逻辑性与创造性以及与听众互动多个方面进行评判反思。

表1 口头报告自评清单

项目类别	项目描述	项目自评等级				原因（评语/例证）
		优	良	中	差	
主题	所获取数据资源的丰富度					
	材料与主题的关联度					
	数据来源的可信度（是否标明出处）					
	对主题的思考、升华					

续表

项目类别	项目描述	项目自评等级				原因（评语/例证）
		优	良	中	差	
语言	语音、语调、语速					
	用词准确、丰富					
	口语流利					
	语言简明、精炼					
多模态设计	使用多模态元素（书面语、图片、视频、音频等）增强效果					
	运用图形、表格和数据，量化、呈现、说明商务信息					
	模态转移、衔接连贯，PPT的过渡自然流畅					
	模态协调性：站位、眼神、手势等身势语动作与话语、PPT展示内容的协调					
逻辑性与创造性	语言陈述、PPT制作、模态安排运用富于逻辑，有创意					
与听众互动	能吸引听众参与					
	能引发听众对主题进行思考					
总体评价						

分析发现，仍有许多方面需要改进。主题方面，PPT选用的数字科技感主题缺少与品牌的融合，无法突出品牌特色。语言方面，存在部分单词发音错误和用词不准确的问题，且讲稿句式过于冗长，不利于听者快速理解。多模态设计方面，缺乏模态协调性。本身受线上录制的影响，演讲的传达效果就会大打折扣，因此更需要注重视觉模态（演讲者身势语、PPT等）与听觉模态（演讲者的英语口语）的协调。同时，在企业数字化现存问题部分缺少具体数据支撑，仅靠文字和图片的形式

说服力不足。逻辑性与创造性方面，语言表达和PPT的逻辑性仍有提高的空间。与听众互动方面，初版讲稿内容较为零散，缺少衔接语，沉浸式体验不足。

3.4 转换实践

转换实践环节，教师鼓励学生运用已掌握的多模态知识来解决批评框定环节发现的问题。经多次小组讨论，学生们进行了相应的改进。主题方面，融入了奶牛元素，在突出数字化的同时体现了乳业品牌的特征，能够更好地加深听众对品牌的印象。语言方面，纠正了错误单词发音和用词，简化了冗长句式，使整体口语表达更为顺畅。小组成员共同搜集了网络上的优秀演讲视频，学习获奖选手的语音语调，并对自己的讲稿进行多次打磨。多模态设计方面，通过调整腾讯会议的视图位置代替站位，增加了眼神交流和手势动作，并且增加了相关道具的使用。同时，查找了现存问题部分的具体数据支撑，并借鉴往届参赛的模态设计，使用了图表的形式将数据量化（见图2），与演讲主题中的"数字化"也更加契合，更直观地反映了所表达的内容，增强了视觉模态的效果。

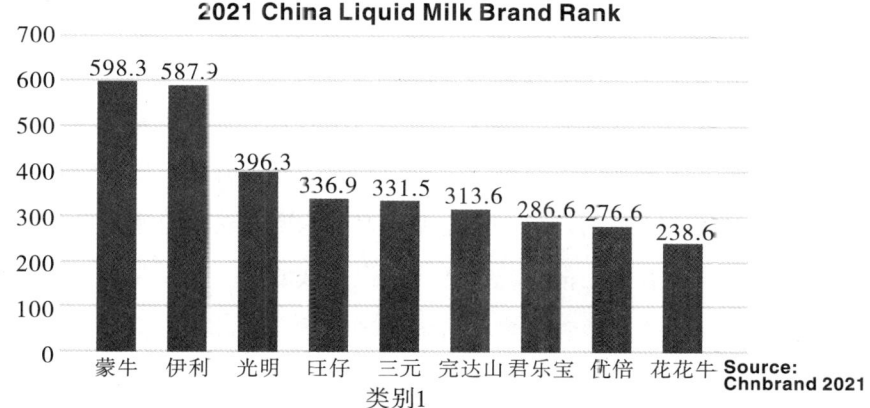

图2 图表式量化呈现

为了更好地模拟商务会议环境，学生合理运用Adobe Photoshop等图像处理软件制作了腾讯会议的视频背景，并融入PPT中（见图3）。学生更容易进入对应角色的同时，听众也能更好地代入情景。

图3　仿真商务实践环境

逻辑性方面，完善了讲稿的前后逻辑，并在PPT的三个主体部分分别增加了一页目录，使整体内容更加连贯、富有逻辑性。与听众互动方面，讲稿中增加了大量的衔接语，使整个情景模拟更具真实性，便于听众理解和思考。尤其是对演讲展示方式，大胆设计创新。整个演讲部分采用情景模拟的表现形式，具体模拟花花牛乳业公司内部的一次会议现场；会议主题即为花花牛乳业的数字化转型，会议议程分为三部分：数字化现状、现存问题、数字化转型对策；整个会议流程涵盖了题目所要求的分享数字化成果和自己的看法建议；小组成员共五人，一人饰演领导，其余四人饰演员工，其中两人负责汇报数字化现状，两人负责汇报数字化转型对策。情景设计为公司新上任领导，主要负责企业的数字化转型升级，为进一步了解企业数字化现状，特召集主要员工开会。开会流程设计为两名员工分别从数字牧场、数字工厂、数字卖场三个方面汇报花花牛乳业已经采取的数字化措施；领导听完汇报后，提出企业现存问题：竞争者众多、市场份额有限、品牌知名度偏低；针对以上问题，另两名员工分别从产品线、包装、云社区三个方面介绍数字化转型策略。

3.5 小结

商务英语专业数字信息化能力的培养涉及数字信息化能力的界定和培养模式。数字信息化能力是一个能力组，由技术能力、认知能力和社会情感能力三个维度构成。学生不仅需要掌握数字化媒体技术，发展认知能力，信息的处理、应用和选择能力，还要对获取信息的有效性有一定判断，同时注意信息获取过程中涉及的数字伦理、信息安全、网络礼仪等问题。新伦敦小组的多元读写能力教学模式为数字信息化能力的培养提供了理论基础和操作流程。本文以辅导学生参加全国商务英语实践技能大赛的实践教学为案例，践行多元读写能力培养模式，有效地促进了商务英语专业学生数字信息化能力的提升。案例中的参赛团队最终荣获2022年第六届亿学杯商务英语实践技能大赛（河南赛区）比赛一等奖，主题演讲环节得分位列50个参赛团队的第一名，并代表河南赛区参加国赛。商务英语专业赛事辅导是实践教学的缩影，只是整个课程体系中的一部分。培养学生的数字信息化能力还需要延伸到课堂教学当中。比如，将商务英语实践技能大赛的演讲题目作为《商学导论》或《商务知识导读》等专业课程任务型教学设计的一环，让转换实践环节再转化为实景实践，形成一个循环上升模式，教学效果将会大大提升。

4 结语

在"新文科"和国家数字经济发展战略背景下，商务英语专业人才培养要顺应互联网和数智时代新发展，面向国家战略，培养跨学科、复合型的高素质外语人才。数字信息化能力的培养就是专业建设的重点之一。培养学生的数字信息化能力，不仅要有理论支撑和可操作性的培养模式，也需要外语教师教学理念的转变。2022年4月18日，王立非在外研社组织的线上研修做题为"数智时代的商务英语教学理念和重点"的讲座，明确提出数智化时代外语教师的"四个转变"：从外语能力转向国际传播能力培养，从语言技术转向语言服务技术培养，从人文素养转向数字人文素养培养，从语言文学人才转向语言服务人才培养；商务英语"新文科"建设的思路就是突出数字经济和数字贸易新特色，培养商务英语人才的数字信息化能力，实现人文学科与信息科学的文理交叉，培养跨学科、高素质、复合型的创新人才，而复合型商务英语人才的培养路径就是要贯彻和落实"五个复合"：培养规格复合、培养模式复合、课程体系复合、教学内容复合、教学方法复合。[1]总之，商务英语专业人才培养要响应国家需求，适应数字化时代需要，大力推进多元读写教学模式，促进学生数字信息化能力的提升。

参考文献

高等学校外国语言文学类专业教学指导委员会英语专业教学指导分委员会，2020. 普通高等学校本科外国语言文学类专业教学指南（上）——英语类专业教学指南 [M]. 北京：外语教学与研究出版社.

教育部，2020. 新文科建设工作会在山东大学召开 [EB/OL]. （2020-11-03）[2022-08-15]. http://www.moe.gov.cn/jyb_xwfb/gzdt/s5987/202011/t20201103_498067.html.

教育部高等学校教学指导委员会，2018. 普通高等学校本科专业类教学质量国家标准（上）[M]. 北京：高等教育出版社.

唐沛，2021. 新时代背景下的商务英语专业能力培养研究——以上海对外经贸大学为例 [J]. 英语广场（25）：69-72.

张保培，2021. 商务英语专业跨境电子商务方向实践教学体系的构建与探索 [G]//段玲琍，胡文飞. 商务英语研究. 厦门：厦门大学出版社，124-132.

张德禄，2018. 外语本科生多元能力培养教学选择模式探索 [J]. 外语界（1）：28-35.

张德禄，2019. 外语专业本科生信息技术能力培养模式研究 [J]. 西安外国语大学学报27（1）：1-6.

张德禄，陈一希，2015. 我国外语专业本科生多元能力结构探索 [J]. 外语界（6）：2-10.

张德禄，刘睿，2014. 外语多元读写能力培养教学设计研——以学生口头报告设计为例 [J]. 中国外语11（3）：45-52.

张德禄，刘睿，雷茜，2021. 多模态理论与外语教学中的多元能力培养 [M]. 北京：外语教学与研究出版社.

---

1 王立非，《数智时代的商务英语教学理念和重点》，2022年4月18日外研社线上研修讲座。

BERESTNEVA O, MARUKHINA O, BENSON G, et al., 2015. Student's competence assessment methods [J]. Procedia-social and behavioral sciences, 166: 296-302.

COPE G, KALANTZIS M, 2015. A pedagogy of multiliteracies learning by design [M]. London: Palgrave Macmillan.

COPE G, KALANTZIS M, 2000. Multiliteracies, literacy learning and the design of social futures [M]. New York: Routledge.

NEW LONDON GROUP, 1996/2000. A pedagogy of multiliteracies: designing social futures [J]. Harvard educational review, 66 (1): 60-92. Reprinted in B. Cope & M. Kalantzis（Eds）, Multiliteracies: literacy learning and the design of social futures. London: Routledge.

NG W, 2015. Digital literacy: the overarching element for successful technology integration [C]//Wan Ng. New digital technology in education: conceptualizing professional learning for educators. Switzerland: Springer, 125-145.

STRIJBOS J, ENGELS N, STRUYVEN K, 2015. Criteria and standards of generic competences at bachelor degree level: a review study [J]. Educational research review (14): 18-32.

新时代外语复合型人才的话语身份建构刍议
——以商务英语为例[1]

杨金龙[2] 温澜馨[3]

摘要：在两个"大局"及新时代的发展要求下，以语言文字为载体的国家话语权和国家形象构建成为中华文明走向世界的核心要素。对此，我国的外语复合型人才在国际话语体系中不仅要充当"语言传递者"的角色，更肩负着国家文化与话语"软件"建设、塑造我国良好形象、提升我国国际话语能力的"语言与文化传播者"新身份。本文通过梳理身份与语用身份的核心内涵与作用，剖析身份建构中的话语实践类型，认为构建外语复合型人才的新时代话语身份，是提高我国国际影响力、加强国际对话与多边合作的重要抓手。鉴于此，本文以商务英语为例，从学术话语传播、专业教材编纂、课堂互动话语三个方面提出构建外语复合型人才话语身份的思路和方向。

关键词：新时代；外语复合型人才；话语；身份建构；商务英语

---

[1] 本文为2022年度重庆市社科规划项目"网络话语治理与重庆网络安全管理体系构建研究"（编号2022NDYB150）的阶段成果。
[2] 杨金龙，博士，四川外国语大学副教授，硕士研究生导师，研究方向为语言政策与规划、教育语言学、语用学。
[3] 温澜馨，四川外国语大学英语学院硕士研究生，研究方向为语用学与外语教学。

On Discourse Identity Construction of Foreign Language Multi-talents in the New Era: A Case from Business English

YANG Jinlong   WEN Lanxin

Abstract: The construction of national discourse power and national image has become the core element for Chinese civilization goes global in the New Era. To this end, foreign language multi-talents of China should not only play the role of "language transmitter" in international discourses, but also shoulder the new identity of "language and cultural communicators". Through analyzing the connotation of identity and pragmatic identity, this paper discusses the types of discourse practices in identity construction, and holds that constructing discourse identity of foreign language multi-talents in the new era is an important way to strengthen our international and multilateral cooperation. Further, this paper tries to put forward some directions for constructing discourse identity of foreign language multi-talents: teaching materials compilation and interactive discourse in foreign language classrooms.

Key words: the New Era; foreign language multi-talents; discourse; identity construction; business English

1 引言

面对百年未有之大变局，我国比以往任何时候都更迫切需要提高国际影响力、加强国际对话与多边合作。对此，党的二十大报告也强调了"坚守中华文化立场，提炼展示中华文明的精神标识和文化精髓，加快构建中国话语和中国叙事体系，讲好中国故事、传播好中国声音，展现可信、可爱、可敬的中国形象"的新时代使命。可见，以语言文字为载体的国家话语权和国家形象构建成为中华文明走向世界的核心要素。在两个"大局"及新时代的发展要求下，我国的外语人才在国际话语体系中不仅要充当"语言传递者"的角色，更肩负着国家文化与话语"软件"建设、塑造我国良好形象、提升我国国际话语能力的"语言与文化传播者"新身份（杨金龙，2019）。由此，对语言系统本身的单一聚焦已不再适应当今的国际局面与国家战略，由"外语人才"向"外语复合型人才"的转变，才能更全面地运用各方资源开展国际合作，全面提升我国的国际交流水平，更加积极主动地讲好中国故事、传播中国声音，为全面建设社会主义现代化国家构建传播桥梁。

值得关注的是，在"外国语言文学"一流学科建设的不断深化中，我国的外语复合型人才培养虽在规模上日益壮大，但不论是在理论建构还是教学实践方面，仍与新时代所要求的"语言与文化传播者"新身份有一定的距离。譬如，在商务英语专业的学科建设中，仍存在相关理论匮乏、评价体系与研究方法单一等问题（董曼霞等，2021；段玲琍，2021）。诚如文秋芳（2020）所言，我国现阶段的外语研究大多为西方理论作"注脚"，为西方学者"打工"，能够真正体现本土理论创新、问题定位、国家立场的研究成果严重不足；在教学实践方面，外语教学活动以培养学生外语基本知识与基本技能为主（王文斌，2018），学生语言系统的完备性与完善性成为教学目标的主要考察因子，而文化品格与人文素养方面的培育长期处于边缘地位。由此，广大外语人才即便具备一定的语言交际能力，也会因表达内容的缺失而难以肩负国家文化和话语"软件"建设、提升我国国际影响力的时代使命。鉴于此，全面地理解与构建我国外语复合型人才的话语身份，是彰显其文化与理论自信、发出中国好声音的基石。本文通过梳理身份与语用身份的核心内涵与作用，剖析身份建构中的话语实践类型，并以商务英语专业为例，从学术话语传播、专业教材编纂、外语课堂互动话语三个方面提出构建外语复合型人才话语身份的思路和方向。

2 身份与语用身份

2.1 身份建构论

身份（identity）是社会个体或群体的社会属性，包括个体的性别、年龄、出生等；或在某一社会关系中所处的位置，如职位、资格等；或在社会中扮演的角色、与其他社区成员之间的关系，如同学、朋友等（Stryker，1987；Hecht et al，1993）。随着身份研究步入"社会科学的中心舞台"（Bamberg et al，2007：1），心理学、社会学、传播学、语言学界等均开始关注身份与各自领域之间的密切关系，如Brewer & Gardner（1996）、Antaki & Widdicombe（1998）、Tracy（2002）、Dolón & Todolí（2008）、陈新仁（2013）等。身份研究经历了从本质主义向建构主义演变的过程（陈新仁，2014）：前者认为身份是个体社会化的产物，具备相对固定、持久、先设的特性，后者认为身份是个体在交际过程中通过话语实践积极、在线建构的，具有流动性、非永久性、复杂性与语境敏感性。

自身份研究的社会建构转向以来，话语实践与身份之间的动态建构关系成为语言学领域的研究焦点。语用学视域下的身份研究普遍认为，日常语言互动中充满了各种身份，交际往往会带来多种身份的动态变化，而非个体的、单一不变的身份。身份在特定的时间、场所、语境中被激活而具有相关性，并对话语实践主体的当前目标产生影响（Widdicombe，1998）。例如，Antaki & Widdicombe（1998）提出，身份在话语中被调用，是共同行动和语言行为主体间相互组织的结果；Grad & Rojo（2008）认为，个体在社会交往过程中，往往会创造并利用社会范畴和身份；陈新仁（2014）认为，身份来源于交际双方磋商的过程与语境化，是在话语实践中通过各种语言、非语言手段实施、执行、虚构、解构的（陈新仁，2020）。

2.2 语用身份

围绕身份与交际二者之间的互动关系，陈新仁（2013）在身份建构论的基础上提出"语用身份"的概念，将身份研究的关注点聚焦于交际与语用范畴。他认为，语境化的、语言使用者有意或无意选择的自我与对方身份，以及谈话人或作者在其话语中提及的社会个体、群体的他者身份统称为语用身份（Pragmatic Identity 或 Identity in Use）。一般来讲，语用身份具有四大特性：（1）交际依赖性与临时性；（2）动态性与可变性；（3）资源型；（4）主观性与目的性。具体到话语实践层面，陈新仁（2013）结合Tracy（2002）的相关研究将身份建构过程中的话语实践归纳为以下几类：语码选择、语体选择、语篇特征、话语内容、话语方式、言语行为、称呼语、语法选择、词汇选择、语音特征以及副语言特征。

值得关注的是，在陈氏"语用身份"的2013版概念中，话语主体既包含了"谈话人"，即通过口头交流互动实现的身份构建问题，同时也包含了"作者"，即通过书面形式实现的身份构建问题。可见，话语身份构建的变异性不仅体现在真实语境下讲话人所选择的话语方式，而且还体现在讲话人或书面作业者在非真实语境下所选择的语篇、语体、词汇特征（陈新仁，2013）。例如，遍布街头巷尾的语言景观、网络舆情报道与评论、课程大纲与教材的编纂、学术论文或报告等话语实践形式，同样也是语用身份的构建方式。

教育的原点在于为国家、为人类命运共同体，培养具有中国文化基因与中华灵魂的国际化人才。[1]目前，有关语用身份构建的研究多以真实语境下讲话人的话语互动为切入点开展。本研究参照Tracy（2002）提出的身份建构中的话语实践类型，聚焦语用身份的"主观性"与"目的性"特征，并结合现阶段我国对外语人才所赋予的新使命、新身份，尝试从非真实语境下的话语实践维度入手，在学术话语传播、专业教材编纂、外语课堂互动话语三个方面，对我国外语复合型人才的身份构建进

---

[1] 梅德明，第二届全国外国语学校及外语特色校校长论坛发言，2016年12月15日。

行探讨。

3 外语复合型人才的话语身份构建维度

Byram（2008）认为，外语教育除了考虑语言的实用性与工具用途，更应思考"培养什么样的公民"，关注外语教育的价值问题。这与梅德明教授在2018年TESOL中国大会的主旨发言相得益彰：我国的外语教育应以全球格局与胜任力为基础，对"培养什么人？""如何培养人？""为谁培养人？"三大问题进行全局调控。新时期，在"人类命运共同体"思想的深化认同下，各国的商贸往来愈发频繁，全球的互联互通互助更加紧密。为迎合国际形势与国家战略，构建外语复合型人才在国际话语实践中的"语言与文化传播者"新身份，是我国更好地回应国际商贸摩擦、增强国际对话与多边合作能力、树立中华大国身份的有力杠杆。

以和谐语言群体关系为根本目标、对语言进行"权威性地资源再分配"（Fishman，1994）的语言规划是语言人才培养的重要调节机制。Ager（2001）认为，价值取向是驱动语言政策变革、推动语言规划发展的最根本原因，并提出了意识形态、身份认同、形象维护等七种价值取向。作为语言规划在外语教育领域的一个分支，外语教育规划通过赋予非母语语种相适应的教学地位，以达到利用该语种的价值、平衡多种语言之间的权力格局等目的。基于身份构建论与语用身份理论，我们认为，构建外语复合型人才在国际话语实践中的"语言与文化传播者"新身份，可从以下几个方面进行调整。

3.1 增强本土语言理论的创新与国际话语力度

尽管我国的语言学与应用语言学研究队伍庞大，相关学科领域的硕、博士招生规模日益扩大，但与国外的语言理论研究相比，我国的语言学研究仍长期处于"跟跑"状态：或验证国外理论假设，或为国外理论提供中国操作案例，或为国外理论提供中国视角（文秋芳，2020），能够体现我国本土语言特色的相关理论研究严重不足，难以全面、有效地指导我国的语言应用实践。以外语教学为例。在很长一段时间，我国各阶段的外语教学在课程设计、教学方法、课堂教学媒介语等方面多参照西方二语习得相关理论，忽视了"外语"与"二语"之间的语境及其文化差异。即便为数不多的外语教学实践者意识到其差别，也因无法找到相适应的理论指导而硬着头皮套用西方研究成果，这或许是我国外语教学"费时低效"的内在原因之一。同时，在商务英语学科建设的层面，也有学者指出，目前商务英语专业的人才培养多侧重语言技能与商务知识的教学，仍缺乏对商务英语相关理论、教师发展以及测试评价方面的研究（董曼霞等，2021）。段玲琍（2020）认为，由于商务英语学科的交叉性、应用性和繁杂性特征，其研究方法仍存在不统一、不固定的特点。

习近平总书记2016年5月在哲学社会科学工作座谈会上的讲话中指出："要按照立足中国、借鉴国外，挖掘历史、把握当代，关怀人类、面向未来的思路，着力构建中国特色哲学社会科学，在指导思想、学科体系、学术体系、话语体系等方面充分体现中国特色、中国风格、中国气派。"Brumfit（1995）认为，解决生活中与语言相关的真实问题，是语言学与应用语言学研究的宗旨。我国的语言文化资源丰富，且与西方国家的国情、意识形态、文化历史存在较大差异。在正视西方语言理论解释力与局限性并存的前提下，根据我国本土的文化语境建立相适应的语言理论及其应用研究，不仅是我国语言研究者解决中国大地上"真""急""热"问题（文秋芳，2020）的基本使命，而且也可为世界语言文化资源共享与传播做出应有的贡献。

目前，基于我国本土语情的创新性理论研究虽少，但也初有成效。例如，王初明（2017）针对我国外语学习者和学习环境特征而提出的"续"论，陈新仁（2013）基于社会建构中的动态交际与话语特征而提出的语用身份论，王寅（2019）基于语言的象似性而提出的体认哲学观等，均是学界在本土理论创新方面的典型代表。汲取上述专家学者的理论创新经验，在平等、自信的文化与学术姿态下，进一步在外语复合型人才培养领域生成本土理论与应用探索，是新时期我国外语科研人才培养亟待解决的核心问题。而围绕该话题所需的科研方法论探讨、问题与困境调研、中西学术互鉴中的文体差异等研究，或许是外语复合型人才话语身份构建的路径之一。

3.2 深化专业教材的本土人文性

外语作为改革开放后我国"引进来"方针的语言基础，尽管为本土科教文卫事业做出了重大贡献，但同样也使语言的交换价值或经济价值凸显（沈骑，2017）：为获取更好的工作机会或更高的经济收入，我们普遍愿意投入时间，甚至大量的资金去学习一门外语。语言与文化之间的关系千丝万缕，经过长期以来的外语学习与相关应试，我国的外语学习者似乎普遍善于应对各类外语考试，并对应试所涉及的对象国语言及其文化了然于心。与此同时，大多数外语教材并未观照到涉及中华文化的阅读材料，致使外语学习者通过现有的教材所了解到的知识体系多以西方国家为主，而我国的优秀本土文化却因在学习过程中接触甚少而逐渐被淡化。

以商务英语专业人才培养为例。除了涉及英语语言技能，国际商务知识、跨文化交际能力、英美国家概况等人文知识素养同样是其实现跨国商贸合作的必备素养。但是，以现有的专业教材来看，针对后者的教材往往围绕英语或西方国家的人文历史或基本国情，几乎很少涉及对我国本土国情的介绍或讨论。因而课堂教学中，任课教师即便能够关注到对学生语言交际能力的培养，但师生的交流话题也往往须围绕教材内容，难以涉及太多与教材主题较远的话题。这就意味着，我国有相当一部分外语复合型学习者在现有教材的引导下，掌握的知识体系与文化结构或许也会或多或少地向外语对象国倾斜。

诚然，掌握目标语言对象国的人文知识与风俗文化是外语人才的必备素养之一。但在新形势下，随着跨文化交际的目的从单纯的信息获取转向明确的任务实施（陈新仁、李捷，2017），我国的外语复合型人才在国际话语实践中肩负着增强国际合作与多边对话、传播"中国声音"的使命。在本土人文知识与文化素养长期得不到育成的前提下，外语复合型人才即便通过大量语言训练而具备一定交际能力，也会因表达内容的缺失而难以胜任"语言与文化传播者"新身份。因此，相关人才的本土人文知识与文化素养亟待储备，而开发兼备本土人文特色的专业教材成为人文素养储备工作的隐性基础。

据悉，《外国语言文学类教学质量国家标准》（简称"新国标"）引导下的教材改革已对具有我国本土人文特色的相关素材进行了调研与补充。在此背景下，进一步深化外语复合型专业教材的本土人文性，使其在"课程思政"的引导下切实服务于"素质""知识""能力"三位一体目标（张绍杰，2019），为培养我国外语复合型人才人文素养、国家情怀提供有力保障，而专业教材使用现状调研、教与学实践困境及认同感研究，是外语复合型人才话语身份构建的另一路径。

3.3 基于"解放语用学"的英语输入再思考

作为全球化进程的伴生物，英语在世界政治、经济、科技、文化等各个领域的跨文化交际中已成为名副其实的国际通用语言（陈新仁，2012）。或许也正是由于上述背景，我国在过去很长一段时间持续着"英语热"的学习浪潮，不仅全国各大高校纷纷开设外国语学院，招收英语专业本、硕学生的比例逐年增高，甚至学龄前儿童也纷纷涌入各种形式的"双语幼儿园"，从小就开始在日常起居生活中接受英语的输入。一时间，能够操地道的英式、美式口语熟练交流，似乎成为广大英语学习者的追求。在各阶段的英语课堂教学中，"侵入式"的全英教学媒介语似乎也备受教师们的青睐，甚至从某种程度上来讲，评价一位英语老师优秀的标准，似乎也在很大程度上取决于其英语发音的纯正性，而非其知识储备的充分性、授课方法的合理性。

实际上，在英语作为国际通用语的时代背景下，全球范围内非英语母语者的数量已经远超英语本族语者（Sewell，2013；冉永平，2013）。由此，以英语为媒介的交际多发生在二语或外语使用者之间，且在很多情况下并无英语本族语者参与其中（陈新仁，2012）。英语在使用过程中所呈现的多样性与多元化，已超越核心区域的英美语言标准与社交文化规约（冉永平，2013），这就意味着在国际对话与交流过程中，交际双方在很大程度上不再预设、参照、依赖、执行英语国家的语言、语用、文化规范和标准，转而秉承多元文化兼容并举、平等磋商的交流姿态（冉永平、杨青，2015）。从这个角度来看，单一强调英语输入，尤其是其发音的标准性或纯正性，不仅难以适应当今时代的跨文化交际与商贸合作所须，反而会增加外语学习者语言知识、文化身份、语用能力等缺失的可能性。

基于"文化主位观"的分析立场（陈新仁，2018），由日本学者Sachiko Ide等在2007年国际语用学大会提出的"解放语用学"（Emancipatory Pragmatics，EP）聚焦文化与社交互动参与之间的关系，为解决上述困境提供了新的理据。解放语用学认为，"文化参数"是跨文化交际过程中的重要互动路径（Katagiri，2009），并提倡以本土文化的概念或观念来解释交际过程中的各类互动实践。解放语用学的文化主位思想为我国的复合型外语人才培养提供了新思路。例如，就商务英语专业中的一些商贸类课程来说，其课堂教学媒介语是否遵循"侵入式"全英授课、侵入的程度如何把握，即话语实践类型中的语码选择问题，或许不应以偏带全、盲目地照搬西方教学理论，而应首先了解学生的相关知识水平，再基于授课年级、授课性质、授课内容的不同来全面考虑。

实际上，不少研究表明（如May & Hill，2003；Mohanty，2008；Anuradhade，2020），以母语为媒介来学习外语，能够更好地利用"源语言知识"（Prior Language Knowledge，PLK）的桥梁作用，从而提高外语学习效率。此外，在外语课堂互动中赋予一定量的本土文化知识，使学习者在兼顾本土文化特征、保持自身文化主体性的前提下，实现由单一目的语输入到输入+输入的双向跨文化交际观，也是新时期我国外语人才助建中华大国形象的基本要求。总之，在英语作为国际通用语的时代背景下，围绕外语课堂教学媒介语、学习者跨文化交际能力等话题而展开的实证研究、身份认同研究、教与学困境调研等，同样是构建外语复合型人才话语身份的重要路径之一。

4 结语

面对两个"大局"以及"新时代"的发展要求，我国的外语复合型人才在具备外国语言能力、国际视野和人文素养的前提下，还应具有国家立场与国家情怀，不断充实其外语应用能力、商务实践能力、跨文化交际能力、思辨与创新能力、自主学习能力等,从而更好地肩负起国家文化与话语"软件"建设、塑造我国良好形象的"语言与文化传播者"新身份。在此背景下,构建外语复合型人才的新时代话语身份,致力于中华文明的传承、创新与传播,是进一步提高我国国际影响力、加强国际对话与多边合作的重要抓手。

本文通过梳理身份与语用身份的核心内涵与作用,剖析身份建构中的话语实践类型,并以商务英语专业人才培养为例,从学术话语传播、专业教材编纂、课堂互动话语三个方面提出构建外语复合型人才话语身份的思路和方向,以期抛砖引玉,为相关研究的进一步深化尽绵薄之力。

参考文献

陈新仁,2012. Intercultural Communication in the Context of English as Lingua Franca:Changes and Implications [R]. 跨文化交际研究与应用国际研讨会. 武汉:中南财经政法大学.
陈新仁,2013. 语用身份:动态选择与话语建构 [J]. 外语研究(4):27-32.
陈新仁,2014. 基于社会建构论的语用能力观 [J]. 外语研究(6):1-7.
陈新仁,2014. 语用学视角下的身份研究——关键问题与主要路径 [J]. 现代外语(5):702-710.
陈新仁,2018. 试论中国语用学学科话语体系的建构 [J]. 外语教学(5):12-16.
陈新仁,2020. 身份工作与礼貌评价 [J]. 解放军外国语学院学报(2):1-10.
陈新仁,李捷,2017. 英语作为国际通用语背景下的跨文化交际能力培养刍议 [J]. 当代外语研究(1):19-24.
董曼霞,尹萧雪,罗紫霞,2021. 国内商务英语研究现状与趋势——基于文献计量法的分析 [J]. 商务英语研究(1):28-38.
段玲琍,2021. 商务英语学科在中国的建构研究 [J]. 商务英语研究(1):50-58.
冉永平,2013. 多元语境下英语研究的语用关注 [J]. 外语教学与研究(5):669-680.
冉永平,杨青,2015. 英语国际通用语背景下的语用能力思想新探 [J]. 外语界(5):10-17.
沈骑,2017. 全球化3.0时代我国外语教育政策的价值困局与定位 [J]. 当代外语研究(4):26-31.
王初明,2017. 从"以写促学"到"以续促学" [J]. 外语教学与研究(4):547-556.
王文斌,2018. 外语教学与外语教育、工具性与人文性之我见 [J]. 中国外语(2):12-16.

王寅，2019. 体认语言学发凡 [J]. 中国外语（6）：18-25.

文秋芳，2020. 加速我国应用语言学国际化进程：思考与建议 [J]. 现代外语（5）：585-59.

杨金龙，2019. "人类命运共同体"视域下我国外语专业人才的价值重塑——"工具"与"人文"之辨 [J]. 外语教育研究前沿（3）：36-41.

张绍杰，2019. 改革开放40年外语人才培养——成就与反思 [J]. 中国外语（1）：4-10.

AGER D, 2001. Motivation in language planning and language policy [M]. Clevedon: Multilingual Matters.

ANURADHA G, 2020. Ecological perspectives on implementing multilingual pedagogies in adult foreign language classrooms—a comparative case study [J]. International journal of multilingualism (1), 1-21.

ANTAKI C, WIDDICOMBE S, 1998. Identities in talk [M]. London: Sage.

BAMBERG M. Introduction to the volume [C]//M. Bamberg, A. De Fina & D. Schiffrin. Selves and Identities in Narrative and Discourse. Amsterdam: John Benjamins, 2007.

BREWER M B, GARDNER W, 1996. Who is this "we"? Levels of collective identity and self representations [J]. Journal of personality and social psychology, 71 (1): 83-93.

BRUMFIT C, 1995. Teacher professionalism and research [C]// G. Cook & B. Seidlhofer (eds.). Principals and practice in applied linguistics. Oxford: OUP.

BYRAM M, 2008. From foreign language education to education for international citizenship: essays and reflections [M]. Clevedon: Multilingual Matters.

DOLÓN R, TODOLÍ J, 2008. Analyzing identities in discourse [M]. Amsterdam: John Benjamins B. V.

FISHMAN J A, 1994. Critiques of language planning: A minority languages perspective [J]. Journal of multilingual and multicultural development (15): 91-99.

GRAD H, ROJO L M, 2008. Identities in discourse [C]//R. Dolón & J. Todol (eds.). Analyzing identities in discourse. Amsterdam: John Benjamins.

HECHT M L, COLLIER J, RIBEAU S, 1993. African American communication: ethnic identity and cultural interpretation [M]. Newbury Park, CA: Sage.

KATAGIRI Y, 2009. Finding parameters in interaction: a method in emancipatory pragmatics [Z]. In 11th International Pragmatics Conference, July.

MAY S, HILL R, 2003. Bilingual/immersion education: indicators of good practice [M]. Hamilton: Wilf Malcolm Institute of Educational Research.

MOHANTY A K, 2008. Encyclopedia of language and education-multilingual education in Indian [M]. New York: Springer.

STRYKER S, 1987. Identity Theory: Developments and Extensions [C]//K. Yardley & T. Honess. Self and identity: psychological perspectives. New York: Wiley.

SEWELL A, 2013. English as a lingua franca: ontology and ideology [J]. ELT Journal (1): 3-10.

TRACY K, 2002. Everyday talk: building and reflecting identities [M]. London: The Guilford Press.

WIDDICOMBE S, 1998. Identity as an analyst's and a participant's resource [C]//C. Antaki & S. Widdicombe (eds.). Identities in talk. London: Sage.

"翻转课堂+对分课堂"在商务英语阅读课程中的应用

陈念君[1]

> **摘要**：本文介绍了翻转课堂和对分课堂的教学模式和特点，并结合商务英语课程的特征，探讨了如何结合翻转课堂和对分课堂各自的优势，改进商务英语课程的教学方式，有效解决商务英语阅读课程教学面临的问题，从而改善师生课堂教学体验，提高教学质量和教学效果。
>
> **关键词**：翻转课堂；对分课堂；商务英语阅读课程教学

---

1 陈念君，硕士，四川外国语大学商务英语学院副教授，研究方向为英美文学。

Application of "the Flipped Classroom + the PAD Classroom" in the Business English Reading Teaching

CHEN Nianjun

Abstract: This article introduces the teaching models and characteristics of the Flipped Classroom and the PAD Classroom. It explores how to combine the advantages of both models in light of the features of Business English courses, aiming to improve the teaching methods of Business English courses. This approach effectively addresses the challenges faced in teaching Business English reading courses, thereby enhancing the classroom experience for both teachers and students, as well as improving teaching quality and effectiveness.

Key words: The Flipped Classroom; the PAD Classroom; Business English reading teaching

1 引言

随着教学改革不断深入,各种新的教学模式不断出现并得到推广和应用。翻转课堂与对分课堂是这些尝试中比较成功的教学模式。不过,正如没有一种理论可以阐释所有现象,也不可能有一种教学模式适用于所有课程,因此,在一门具体课程的教学中尝试综合不同教学模式,亦即尝试混合式教学成为一种新的选择和趋势。

正是在此背景下，笔者总结近几年来在商务英语阅读课程教学中不断应用翻转课堂和对分课堂的实践经验，结合笔者教学过程中的体验与学生的课堂表现以及课程结束后的反馈，总结提出在这门课程教学中应该摒弃单一模式教学，尝试结合两种课堂模式的优势，更有效地改善师生教学体验，提高这门课程的教学效果。

2　翻转课堂与对分课堂概述

做好翻转课堂与对分课堂的混合式教学，需要梳理和对比两种课堂的教学模式和特点，以便理解两种教学模式在商务英语阅读课程教学中的优劣势，从而进行有效综合应用。

2.1　翻转课堂教学模式和特点

源于美国的翻转课堂经过可汗学院的传播，不断得到教育实践者的接受和本土化改进，形成了比较成熟的教学模式。

翻转课堂在美国比较成熟的课堂模式由富兰克林学院数学与计算科学专业的Robert Talbert总结归纳（参见张金磊等，2012：48）。该模型（见图1）清晰地展示了翻转课堂实施过程的主要环节：

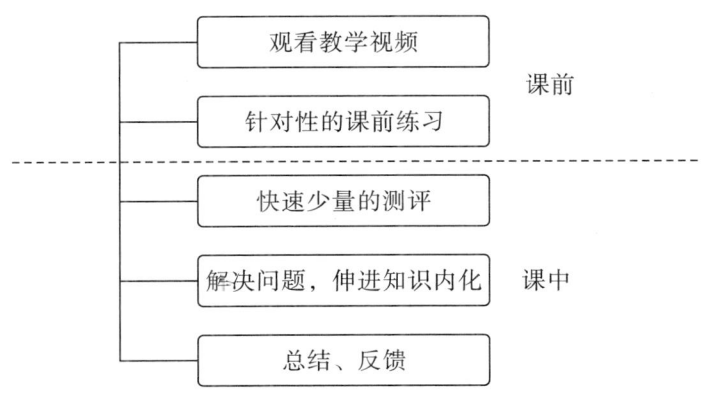

图1　Robert Talbert的翻转课堂结构

课前，学生自主观看教学视频，学习和思考教师提供的学习材料，完成针对性的课前练习；课中，教师对学生课前学习任务的完成情况进行快速而少量的测评，了解学生课前学习中遇到的问题，在课堂的交流与讨论中有针对性地给予指导，帮助学生解决实际问题，以促进学生知识的内化。

在国内，这一课堂模式经过不断的实践修正，形成了以张金磊和肖晗为代表的两种比较成熟、影响较大的教学模式。南京大学的张金磊等人（2012：48）最早对Robert Talbert模型进行了修正，建构出更为完善的翻转课堂教学模型，如图2所示。

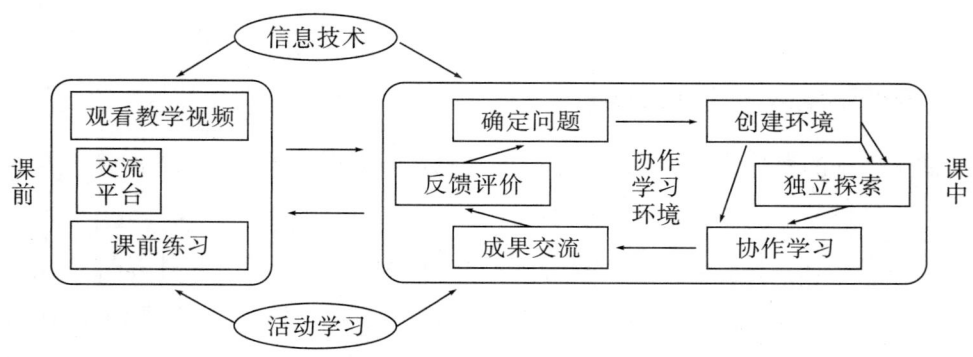

图2　张金磊等人的翻转课堂教学模型

与之前教学模式不同的是，在课前与课中两个过程中，增加并强化了信息技术和活动学习这两个杠杆；此外，在具体的课前阶段，增加互动交流平台；在课中阶段，增加协作学习的环境。这一经过修正的教学模型为国内翻转课堂的教学实践提供了基础。

肖晗（2018：150）针对大学英语阅读教学，提出了适合大学英语阅读的教学模型。此模型主要特点是提出了课后拓展的环节，如图3所示：

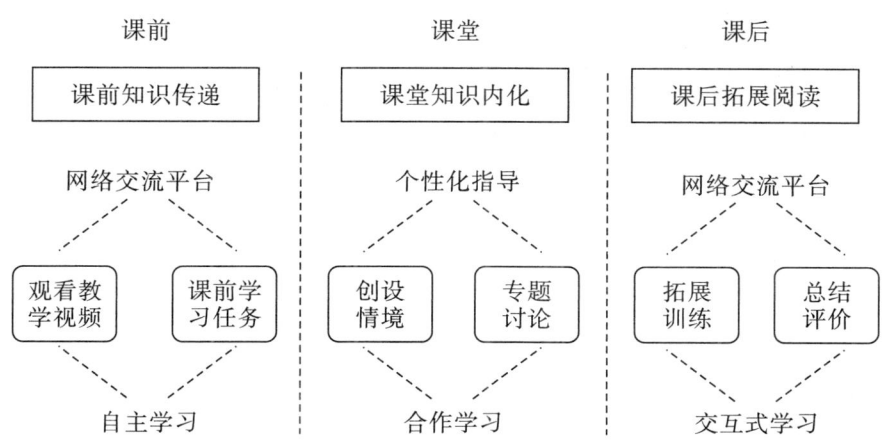

图3 肖晗的大学英语阅读翻转课堂教学模式

从上述翻转课堂教学模型梳理可以看出，翻转课堂与传统课堂相比有如下特点：首先，从形式上看，上述翻转课堂教学模式中都采用了视频讲解形式，以解决学习者不在场的局限；其次，从教学顺序上看，将传统课堂知识传授的过程提前到课前完成，而传统课堂的课后练习等不同形式的知识内化活动则转换为课堂内的互动交流。这两个特点形成了翻转课堂主要特征，成为翻转课堂区别于传统课堂的重要标志。

但是，这些特点是否适用于所有的学科和所有的专业呢？张金磊就学科的适应性问题提出，"国外开展翻转课堂教学试验的学科多为理科类课程"，并提到"其学科特点便于翻转课堂的实施"（2012：50）。这里提到的便于实施，所指就是视频讲解适合理科课程。为了适应大学英语阅读教学，肖晗对张金磊的教学模式又进行了进一步修正。所以，翻转课堂的适用性不能一概而论，教学者在具体的课程教学过程中应根据学科和课程特点做出具体的取舍或调整。

2.2 对分课堂的教学模式与特点

翻转课堂颠倒了传统教学课堂的教学顺序，使传统教学课堂产生了根本性的改变。与此不同，对分课堂以传统课堂为基础，融合了传统教学和自主学习的双重优势。

与翻转课堂不同，对分课堂教学模式的理论基础除了建构主义学习理论，还吸收了认知心理学原理以及传统儒家的中庸思想。"渐进自主理论"是"对分课堂"教学模式的重要理念，吸收了传统教学理论与自主学习理论的优势。"自主学习理论"由杜威提出，其教学理念是"以学生为中心"。张学新对此理论做了深入分析，并指出这一理念存在的根本性问题，即学生很难具备自主能力，包括自主学习的能力，这些能力恰好需要学生通过教育获得。因此，一味强调"以学生为中心"，把学习的责任转让给学生，很难实现教育的目标，而正确的做法是"逐渐地转移控制权，让学生慢慢学会运用自主学习的权利"，即"渐进自主理论"。这一理论强调"教是为了不教，学生获得自我学习能力之后，教师的任务就告一段落。培养自主学习很好地服务了发展个性化生活的教育目标，也很好地服务了培养创造性人才、为社会的未来发展寻找新方法、新道路的教育目标"（张学新，2017：181）。

与"渐进自主理论"相适应的是对分课堂的责权对分思想，亦即"教师和学生共同拥有教学活动的控制权。教师通过对核心教学内容的选择和对教学流程的部分控制，确保学生在基本框架内完成对文化的传承，不至于做出不理智的判断和选择"，而学生"也拥有对教学内容、教学过程和学习过程一定的控制权，有机会培养独立思考能力和独立判断能力，有机会做出更符合自己个性的选择"（张学新，2017：181）。

根据上述理念，对分课堂的教学模式（简称PAD课堂）分为三个阶段：教师讲授（Presentation）、内化吸收（Assimilation）和讨论（Discussion）。在PAD课堂中，一半课堂时间由教师讲授，另一半时间由学生进行交互式学习（讨论），讲授和交互学习的时间分离，通常相隔一周，让学生进行内化吸收并完成作业后再进行"隔堂讨论"，进一步强化所学知识，解决依然存在的疑惑。当然，如果教学内容相对简单，也可以当堂讨论，即当堂对分。讲授阶段，教师介绍章节的基本框架和基本概念，侧重讲解重点、难点。内化吸收阶段学生独立进行，学生可以根据具体学习情况和学习能力自主内化吸收，更深刻地理解并掌握教材内容，完成课后作业以及对分课堂特有的作业"亮考帮"。"亮",即"亮闪闪",指学生学习中印象最深刻的内容或自己最有感触的部分;"考",即"考考你",指用自己掌握的内容去考察其他同学是否掌握;"帮",即"帮帮我",指自己学习过程还未解决的疑惑,需要寻求他人的帮助。讨论阶段分为小组讨论和全班交流。小组讨论围绕"亮考帮","针对各自的收获、困惑、疑难,互相切磋学习,共同解决问题",讨论形式多样,如"对特定内容的复述、改述、强调、评价、对比等"。(张学新,2017:24)全班交流分为三个步骤:教师抽查、自由提问和教师总结。首先是教师抽查。教师随机抽取3~4个小组,每组随机抽1名学生分享小组讨论的精华或尚未解决的问题。然后是全班自由发言,由学生提出没有解决的问题,教师解答。最后是教师的总结。教师做简单总结目的是对学生遗漏或需要深化、提升的问题进行补充,并结束课程。

"对分课堂"教学模式把教师讲授、学生课下独立学习和小组讨论三者有机结合,给予学生一定的话语权,有助于提高学生学习热情并提升学生参与课堂的积极性,为解决当下商务英语阅读课程教学遇到的困境提供了一个可行的思路和路径。

3 商务英语阅读课程教学现状

商务英语阅读课程是商务英语基础教学阶段的主干课程,其教学现状主要反映在这一课程的特点及其面临的困境上。

3.1 商务英语阅读课程的特点

商务英语是以国际商务为背景的应用性英语学科,作为特定语言环境下所使用的专门用途英语,商务英语阅读课程不同于普通英语阅读课程,具体表现为不同的教学目标和教学内容。

商务英语阅读课程的设置基于普通英语,引入商务专业知识,从而实现复合型人才的培养目标。因此,商务英语阅读课程的教学旨在培养学生掌握扎实的英语语言基础知识,掌握基本的商务知识、商务沟通、商务谈判技巧以及在商务情景下的外贸、金融、财务、营销等相关词汇、知识，并能够在商务场景中结合英语语言知识和商务知识、技巧等服务于国际商务事宜，成为适应社会需要的应用型涉外商务工作者（李萍，2018：190）。

鉴于此，商务英语阅读教学与普通英语阅读教学内容也有所不同：在语言知识输入的同时，还需要传授国际贸易、金融、营销等商务知识，以及时事、政治等背景知识。教学的具体内容包括两方面：一是阅读教学，即掌握各种阅读技能，从而逐步提高英语语言理解能力和阅读速度，在增进语感和增加词汇量的基础上提高语言的实际运用能力；二是商务知识教学，即以语言为载体，以阅读为手段，把核心的商务内容放在其中，通过引导学生阅读商务文体的语篇，实现对商务知识的掌握，以满足就业和社会发展的需要（杨雅芬，2018：224）。

3.2 商务英语阅读课程的困境

商务英语阅读课程教学面临的问题主要表现为学生学习效果差，挫败感强，学习兴趣和动力不足。笔者在课上、课间与学生互动交流中发现，这些问题主要源于当前商务英语专业的课程设置、教学方法及学生状态。

首先，商务英语阅读课程设置的教学课时不足。目前，这门课程基本为一周两个课时，教学总时长为90分钟。而该课程要同时讲授普通英语教学相关的阅读技和商务英语阅读特有的商务知识。此外，商务英语阅读材料的专业性、时效性和实用性要求教师在教学中，除了使用正式出版的商务英语阅读教材，还需要及时更新与教材内容相关的商务知识、商务事件，同时布置学生阅读与商务相关的英语国家的权威刊物，如《财富》《经济学家》《新闻周刊》《福布斯》等。教师基本不可能在每周的两个课时内，完成教学讲解和课内外作业的检查与评讲，这就必然造成课时少，教学量大的矛盾。教师为了完成教学任务，势必将课上不能完成的内容布置给学生课后完成，学生也会因为课后作业量大而产生不满情绪。

其次，当下商务英语阅读课程的教学方法也存在不足。很多教师仍采用普通英语阅读课程的教学模式，偏重学生语言知识点的讲解，忽略商务知识的传达。这将导致学生在学习商务英语阅读这门课程时，无法理解文章当中出现的行业术语，以及相关的商务领域知识。另外，大部分教师课堂教学沿袭传统的教学模式，教师在课堂教学中占有绝对的主体地位，而学生只能被动地接受信息，无论是课上还是课后，与教师的互动交流很少，学生之间也缺乏互动交流。这种单向、不可逆的教学方式无法激发学生的学习主动性（张天，2019：85-86）。

最后，学生的状态也制约着商务英语阅读课程的顺利有效进行。学生课上产生挫败感主要源于商务英语词汇量有限和商务专业知识匮乏。学生课后信息反馈中最普遍的是，文章生词太多，看不懂。与普通英语阅读不同，商务英语阅读中会出现较多商贸等方面的专业术语，而且在商务英语阅读的语境下，一些普通英语阅读中的核心词汇也会因为语境的改变而发生改变，这让词汇储备不足或者阅读中不能灵活根据语境推断词汇具体含义的学生倍感困难。不止于此，学生对语篇涉及的相关商务专业知识的匮乏也会影响他们的阅读理解。目前商务英语专业在读大学生基本没有商务实践经验，因此，商务知识的传授在商务英语阅读课程教学中显得尤为重要。

在上述因素的合力作用下，目前的商务英语阅读课堂教学很难达到预定的教学目标。要从根本上改善商务英语阅读课程教学的现状，引入新的教学模式势在必行。笔者在近几年的教学实践中前后尝试了翻转课堂与对分课堂，发现仅仅单一的某一种教学模式不能很好地解决这一课程面临的所有问题，所以尝试根据这一课程教学面临的问题，综合两种教学模式的优势，应用于商务英语课程教学。

4 翻转课堂+对分课堂在商务英语阅读课程教学中的应用

根据翻转课堂和对分课堂各自的特点，结合商务英语阅读课程教学现状，笔者分别选择翻转课堂和对分课堂相适应的环节，应用于这门课程的教学中，取得了令人满意的教学效果。

4.1 翻转课堂在商务英语阅读课程教学中的应用

商务英语阅读课程目前面临最大的矛盾是教学内容繁杂而教学课时相对有限。翻转课堂对教学顺序的翻转,将部分内容前置到上课前让学生自主学习,本质上"延长了课堂授课时间"(陈曦,2019:131),可以帮助解决教学内容繁杂与课时不足的矛盾。

英语阅读课程本身的特点要求学生除了课上学习一些重要的阅读技巧,同时需要辅以大量的阅读训练,以真正提高阅读技能和水平;此外,商务英语阅读还需要学生同时了解相关的商务知识,因此,教学内容比普通英语阅读课程教学内容更多。在课时有限的情况下,不可能在课堂上做大量的材料阅读训练,鉴于此,将某些适合学生自主阅读的材料前置到课前,就能在很大程度上缓解课上教学的压力。

因此,教师需要在课前对整体教学要求的内容做细致梳理,将材料的难易程度以及与商务知识的相关度做区分。阅读材料难度较小,与商务知识相关度不大,主要涉及英语国家文化背景以及日常熟悉的话题的材料,就利用翻转课堂翻转模式前置到课前让学生自主阅读。阅读材料难度较大,涉及大量商务知识,就适合放到教师课堂讲解后作为课后内化学习或拓展学习材料,这个阶段就可以考虑应用对分课堂教学模式。

4.2 适合对分课堂的教学的环节

商务英语阅读课程教学当下面临的其他问题,诸如教学方法传统,学生课堂体验不太理想等问题可以通过应用对分课堂教学方法得到较好的解决。"对分课堂"教学模式可以把教师讲授、学生课下独立学习和小组讨论三者有机结合,给予学生一定的话语权,有助于提高学生学习热情并提升学生参与课堂的积极性;对分课堂强调个人独立思考,同时倡导小组内讨论,实现不同观点的碰撞,达到合作学习的效果,培养学生的合作意识,尊重他人的良好习惯以及批评性思维的发展;对分课堂实现了学习的自主建构和教学的双向互动,保证了学生的情感需求,让每个学生都有自我表现的机会，利于个体潜力激发以及信心培养。因此，这一课堂形式既能帮助教师改变传统的教学方法，解决教学方法单一、陈旧的问题，也能改变学生被动接受的角色，使其成为积极的参与者，解决学生层面的问题，改善学生课上体验。

在本课程教学具体实施过程中，按照对分课堂教学模式，对学生课前自主学习内容、教师讲解内容、课后学生内化和拓展需要的内容做好分类，就可以顺利地进行两种课堂模式的混合式教学。阅读技巧和商务相关知识难度比较大，现场讲解效果会比观看视频讲解更有效，就作为对分课堂教师课上讲解重点。此外，课上可以选择一篇难度较大的文章作为样本，引导学生应用本次课堂教学的技巧和商务知识讲解文章。余下的阅读材料作为课后自主学习和拓展练习。

对分课堂值得推荐的另一个亮点是与之对应的对分易平台。师生可以利用这个平台提问、答疑、讨论。无论是课前自主学习还是课后复习和拓展学习，学生有任何疑问都可以到平台进行发布，发布内容可以传达给所有共同学习的学生和授课教师，师生可以在同一个平台和区域对同一个话题进行讨论。相比其他交流平台，对分易平台更方便问题的发布和收集。针对某一个发布的问题，师生可以在同一个界面相互回复，同一个问题所有的回复和交流都能汇聚在一个问题区，方便师生在讨论时迅速了解对该问题的讨论进行到哪个阶段，同时，也方便讨论后做回顾浏览和总结。笔者在近几年课程教学过程中持续使用这个平台，在师生之间、学生之间构建了良好的交流渠道，解决了师生、生生交流的局限，该平台是课堂教学很好的辅助，同时也是对课堂教学的有效延伸。

5 结语

在商务英语阅读课程教学中将翻转课堂与对分课堂有机结合，实现两种课堂优势互补，可以有效改善课堂教学效果。笔者从教学过程中自身的教学体验和课后教学反馈中发现了这些变化。首先，得益于翻转课堂的顺序翻转，课上教学压力减小；对分课堂随机分组以及组内和班级讨论环节的设计，加强了师生对话，也加强了学生之间的交流，提高了学生的交流能力，课堂氛围变得轻松、活跃，成为生生、师生之间对话和交流的重要平台。其次，教师课堂上对重难点的讲解降低了学生课后复习和拓展练习的难度，学生阅读兴趣提高，自主学习能力加强。最后，对分易平台的使用，让师生间、学生间的答疑、讨论、交流超越了时空的局限，也在一定程度上缓解了课时不足的压力。总之，根据翻转课堂和对分课堂各自的优势，有所选择地应用于商务英语阅读课程教学，有效解决了目前商英阅读课程教学中课时不足、教学模式陈旧、学生上课热情不高、课上师生体验不佳等问题，让这门课程教学逐步形成良性的课堂生态，教学质量和教学效果有了明显提高。

参考文献

陈曦，2019. 微课翻转课堂在商务英语教学中的应用——以商务英语阅读为例 [J]. 黑龙江教育学报（3）：130-132.
李萍，2018. 商务英语阅读教学探讨 [J]. 现代商贸工业（3）：190-191.
肖晗，陈达，2018. 翻转课堂模式下的大学英语阅读教学模式研究 [J]. 外国语文（1）：147-154.
杨雅芬，2018. 浅析商务英语阅读教学 [J]. 教育现代化（31）：224-225，248.
张金磊，王颖，张宝辉，2012. 翻转课堂教学模式研究 [J]. 远程教育杂志（4）：46-51.
张天，2019. 商务英语阅读翻转课堂教学有效性的行动研究 [J]. 北京工业职业技术学院学报（1）：85-89.
张学新，2017. 对分课堂——中国教育的新智慧 [M]. 北京：科学出版社.

对于模拟谈判教学中"真实性"困境的反思和应对

余 静[1]

摘要: 20世纪60年代以后,专业化和实践类的课程中开始广泛使用角色扮演(role play)和模拟(simulation)类的教学方法,80年代后模拟谈判已经成为谈判类课程最普遍、最重要的教学方法之一。然而因模拟带来的"真实性"问题(verisimilitude)长期未得到重视,谈判模拟耗时耗力,实施流程的风险超出预期,模拟结果却不尽如人意。本文从"真实性"问题的产生和发展入手,着重分析其具体表现和问题所在,并尝试从近年的谈判教学案例中找到解决"真实性"问题的方法。

关键词: 角色扮演;模拟;谈判教学;真实性

---

1 余静,硕士,四川外国语大学讲师,研究方向为国际商务谈判、跨文化交际。

Reflection and Response to the Verisimilitude Dilemma of Simulations in Negotiation Teaching

Abstract: Since the 1960s, role plays and simulations have been widely used in practical and specialized courses. Since the 1980s, negotiation simulation has become one of the most common and important teaching methods, but the "verisimilitude" problem brought by simulations has received little attention. Negotiation simulation is laborious, while the risks in its execution have been far beyond the expectation and its result is not satisfying. This article will review the origin and development of the "verisimilitude" problem and analyze its embodiment and problems, so as to find the ways to solve the "verisimilitude" problem.

Key words: role play; simulation; negotiation teaching; verisimilitude

1 角色扮演（role play）和模拟（simulation）在谈判教学中的应用

20世纪60年代开始，角色扮演（role play）和模拟（simulation）教学法逐渐应用于实践类和专业化的课程。Greenblat（1973）提出，模拟教学能够在六个方面实现教学目标、提升教学效果，这六个方面分别是学生的学习动力和兴趣，学生对概念的理解、决策和分析能力，学生的同理心，学生的自我意识和自信心，学生之间的关系和师生关系。也有研究人员指出，比起传统的教学方式来说，角色扮演类的教学活动可以更好地激发学生的学习动力，但是在形成和理解基本概念方面作用并不显著,学生的认知和态度也没有明显转变,利用常规的课堂知识学习也可以达到同样效果(Cherryholmes,1966)。后续研究同样发现模拟教学在提高学生学习兴趣、学习动力方面有非常积极的影响(Pierfy,1977),还能够大幅度地提高学生的知识记忆时长(Bredemeier,1981;Randel et al.,1992),而在概念学习、认知能力、培养批判性思维和决策能力方面则表现平平(Pierfy,1977;Bredemeier,1981;Randel et al.,1992)。

与研究人员的分歧不同的是,谈判课程的教师普遍认为谈判模拟是实现体验式学习的最好方法。在一项对谈判教学方法的研究中,研究人员对商务、法律、公共政策和规划、国际关系等各领域进行了横向对比,发现模拟谈判是唯一一种所有领域共同和最常使用的教学方法(Fortgang,2000)。2003年至2012年,美国法学院联合协会开设的10门谈判课程中,模拟谈判也是唯一一个所有教师均使用的教学方法(Druckman & Ebner,2013)。在对2009哈佛大学举行的调解谈判会议参会教师的调查中,130位教师中有96%经常模拟谈判教学,而认为这一方法非常重要的教师占到参会人数的82.7%(Corsi,2010)。目前,模拟谈判已经成为谈判教学中最为重要、认可度最高、最行之有效的教学方法之一(Alexander & LeBaron,2010;Bell & Valley,2020)。

2 模拟谈判教学的"真实性"(verisimilitude)困境

虽然近年来模拟谈判在谈判教学中已经占有主导地位,研究人员仍然指出了其导致的多种问题。有研究表明,由于过于依赖参与学生的表现,模拟谈判的课堂时常出现超出教师预期和控制的风险,学生未能充分理解角色和案例,或者过于投入导致情绪激动,甚至是个别学生的临时缺席都会直接导致模拟谈判的失败(Druckman & Ebner,2013;Bernard,2009)。这种教学方法对教师和学生的要求也较高,教师需要针对文化、地域和学生的知识储备设计并完善谈判案例。学生如果以小组为单位参加,在团队磨合和专业领域知识准备方面需要投入大量的时间和精力，这些都极大地增加了模拟谈判的风险，而当模拟谈判的效果不理想时，双方感受到的挫折感也远大于其他谈判教学方式（Alexander & LeBaron，2010）。

除了上述风险，阻碍模拟谈判有效实施的最大问题是模拟的真实性（verisimilitude）。真实性指的是教室中的模拟是否能够从场景、人员、过程和结果等方面真实再现现实生活中的谈判（Raiffa，1982；Coben，2012；Fuller，2012）。Poitras等（2013）提出了日常真实、实验真实和心理真实三种真实性问题。日常真实指的是模拟谈判对于一般性的、日常的事件的重现程度，实验真实即为参与学生是否认为给出的谈判任务是真实的、需要认真对待的或者是可以解决的，心理真实则是指参与学生的心理体验是否接近现实世界中谈判各方的真实心理。模拟谈判的真实与否是决定学生参与程度和学习效果的一大因素（Marks，2000），对于真实情况的有效重现，可以激励学生更加主动地参与课堂学习（Blumenfeld et al.，2006）。

目前的谈判课堂教学和培训由于时间、场地和资源方面的限制，大多数无法复制复杂多变的真实谈判场景，教室和商务会议室的空间设计和陈设大不相同，上课时学生大多穿着随意，即使要求参加模拟的学生进行商务着装，现场还会有其他学生作为观众，这些场景上的不同在很大程度上影响了学生的参与态度和模拟效果。没有日常真实，实验真实往往会出现更大的偏差。Bernard（2009）发现，学生由于体验不到场景中的真实，可能由于紧张或者愤怒等情绪导致对立升级，相反也可能认为模拟谈判只是一种练习和游戏，主动降级谈判的利益冲突。Druckman和Ebner（2013）指出，学生为了提高模拟谈判的效率，可能会简化谈判流程，对于谈判的权力和利益分配等重要问题敷衍了事。模拟谈判如果沦为"纸上谈兵"，学生往往会忽略收益损失等细节，仅满足于简单的口头约定，体验效果离教学目标相去甚远（Poitras et al.，2013）。在真实的谈判中，不管是初次还是长期合作，每一个谈判人员都会基于自己的教育、经验和当下的情绪状态使用不同的谈判策略。但是谈判模拟的角色是经过教师设计的，于学生而言相对陌生，尽管谈判的对手是他们熟悉的同学，这种模拟身份和真实身份之间的差距导致的心理失真，增加了学生学习谈判策略的难度，降低了情绪体验的可行度和效用（Druckman & Olekalns，2008）。

Greenbalgh和Lewicki（2015）从另一个角度分析了真实性问题的由来和发展。他们认为最近几十年的谈判模拟教学和研究主要集中于分配谈判和整合谈判（distributive and integrative negotiation），即在零和条件下非输即赢的谈判和为双方创造价值共赢的谈判（Walton & McKersie，1965），这两种谈判方着眼于谈判的一般性知识，易于教授和模拟。另外两个领域的谈判，即情绪态度重构和组织内部的谈判（attitudinal restructuring and intraorganizational bargaining）却一直未得到足够的重视，原因主要是这两种方式更好地反映了真实谈判世界的复杂多变，要在教室中复制具有相当大的难度。另外，业界目前仍然在制定并执行严格的谈判保密流程，即使研究人员和教师能够突破保密规则的屏障，作为外部人员，也很难在短时间内理解行业规则、企业文化、职级高低等方面的隐形规则，对集体决策和执行过程进行定量和定性研究。目前的全球化的趋势让大部分公司将业务外包，或增加了和供货商、分销商的合作，以往纵向的企业结构变为横向关系，直接导致模拟谈判的难度大幅度增加（Greenhalgh & Lewicki，2015）。

3 走出"真实性"困境的措施

3.1 扩充内容，增加环节

近年来，很多教师和研究人员为了解决模拟谈判教学中的真实性的问题，大多致力于模拟内容、流程和技术方面的提升。

首先在谈判内容和参与人员方面，Cohn和Ebner（2010）认为可以融入探险式学习（adventure learning）的概念，比如组织学生到当地的市场实地谈判，到谈判现场观摩，与有经验的谈判员模拟谈判，在案例中加入学生的生活经历等，旨在加入真实世界的谈判元素，提高学生的体验效果。这些方法因实施便利、风险可控而受到研究人员和教师的推崇，有教师在模拟谈判中引入了一家世界1000强的公司作为课程合作伙伴，由公司的物流经理扮演供货商和学生进行电话谈判，在对参与学生中的调查中，有67%的学生肯定了这种谈判体验的真实性，同时这个做法也促进了学生的自主学习，提高了学生理解和记忆谈判知识的能力（Hartley et al., 2017）。当然，和业界的合作主要依赖学校和教师个人的资源，在资源受限的情况下，很难在以学期制为单位的短时间内联系到相关行业协会和企业，并将有经验的谈判员融合到课堂教学中。因此，有研究人员建议应当长期招募谈判志愿者，改进谈判方式，通过电话、邮件、视频会议等方式更快、更便捷地将志愿者引入课堂谈判（Hartley et al., 2017；Mozahem, 2019）。

其次，可以创造一个更真实的谈判环境和谈判流程来贴近模拟谈判。在场景方面，使用独立的会议室和公司的文件模板，要求学生贴合自己的角色进行商务着装、准备名片、进行自我介绍（Poitras et al., 2013），谈判角色的设计也可以更加贴近学生的实际性格（Poitras et al., 2013）。在谈判流程方面，从单一的谈判案例升级为成本、质量、运输和灵活度的多问题、多环节谈判（Lande, 2012），在谈判中期加入新的细节、突发事件和新的谈判方等（Ebner & Efron, 2005）。在谈判结果方面，将谈判结果与金钱、分数和同学评价挂钩，也可以要求学生在达成协议和放弃中二选一，或者是协议需要以书面形式完成，可由双方现场自由增减条款（Volkema, 2007；Coben, 2012；Ebner et al., 2012）。在模拟谈判结束后，立即进行教师和观众的反馈和评价，并进一步就具体的谈判细节展开讨论，引导学生深度进行学习和研究（Patton, 2009；Coben, 2012；Deason et al., 2013）。有教师针对商学院学生设计了一门模拟谈判课程，并综合运用了以上方法，以保密信息的方式向参与谈判的双方学生明确其谈判协议的最佳替代方案（Best Alternative to a Negotiated Agreement, BATNA），由学生在网上自由选择合同模板，并按照己方的谈判目标进行改写，增加对己方有利的购买方式、付款方式和服务条款，最后教师在合适的谈判时机给予学生完成目标的提示，这种模拟实践增加了学生的紧迫感和动力，在体验上更为接近谈判人员的真实心理状态（Klaw, 2016）。

上述方法均能不同程度地增加学生的参与感和投入程度，谈判模拟中学生的相关利益越多，学生的情绪体验就更复杂，紧张、兴奋、患得患矢和挫折感交错的心理体验更为接近谈判员的真实感受，同时还可以提高作为观众的其他学生的参与感（Olekalns & Druckman，2014）。但是Poitras等（2013）也指出，在这种模拟过程中，教师需要积极帮助建立并保持一个正面的谈判氛围，维护参与学生的心理安全感，否则学生一旦表现不佳或者谈判结果不如预期，参与动力和自信心可能会受到更为严重的打击。Curhan等（2006）建议教师在模拟结束后，用简单的问卷调查和回访来了解学生参与的主观价值（subjective value），即学生对谈判表现的自我评价，由此来改进之后的教学设计。

3.2 文化转向

虽然上述改革和研究对于模拟谈判的效果有了很大的提升，有研究人员从文化角度对模拟谈判带来的真实性问题进行了思考和批评。他们指出，角色扮演和模拟这种教学方式诞生于主流的西方文化中，而在其他一些文化中，扮演别人的身份是一种非常不礼貌且不合理的行为。对于这些文化背景下的学生，模拟谈判完全脱离了他们的生活现实，意味着更加剧烈的文化冲突，甚至出现完全无法扮演的极端情况。同时，因为学生对于谈判模拟的身份并不熟悉，往往依靠自己的刻板印象来扮演不同的文化背景、专业和职位的人物，这种模拟很可能会加深学生已有的刻板印象，并逐渐固化为一种扮演和练习模式，这些都背离了现实世界中谈判灵活多变的特点（Alexander & LeBaron，2010）。Weiss（2008）针对这些问题，基于自己15年的谈判教学经验提出了超级模拟谈判（Mega-simulation）的概念，他结合目前全球化的经济趋势，以大型国际商务谈判的真实案例为素材，设置9~16人参加的多环节、多方模拟谈判，为每个学生设计完整的角色简介，更好地提升学生在多文化背景中的理解能力和解决问题的能力。这种复杂的模拟谈判引发了一些研究人员的担心，太过注重反映特定环境的真实会影响学生进行类比学习的潜力（Crampton & Manwaring，2008，转引自Druckman & Ebner，2013）。Ebner和Kovach（2010）总结了教师在这种文化转向中可以灵活应用的原则和方法，比如避免传统的自上而下（top-down）的谈判设计，侧重以学生为中心的体验式教学。由于实施Weiss提出的大型谈判难度较大，教师也可以选择少量增加文化和背景的个性化元素，提高学生对角色的好奇心、代入感和认同感，提升学生的参与动力和体验。

3.3 传统教学方式的新应用

有部分学者认为当下无需对模拟谈判的方式大搞改革，完全可以将传统的模拟教学以全新的方式进行应用，实现教学目标。比如让学生观看和分析模拟谈判的录像，弱化对谈判细节和个别学生表现的分析，着重培养学生的宏观把控能力，增强学生的反思、分析和整合能力（Ebner & Kovach，2010）。目前智能手机的普及和视频剪辑应用的便捷让这种教学方法得以更快、更广泛地应用于日常课堂中。Stokoe（2014）主张使用真实谈判录像，在谈判的关键环节暂停，让学生即兴扮演其中的人物角色，完成剩下的谈判，完成之后将学生的临场反应和录像中的真实结局进行对比分析，以此让学生反思自己的表现并改进。

另一种传统模拟谈判的新应用是将设计谈判模拟方案的主体由教师变为学生，让一组学生自主设计谈判模拟，另一组学生进行模拟。设计组的学生会自主融入自己的真实生活体验，或者搜寻真实案例，将真实的谈判情节和抽象的谈判概念相结合，设计出一个合理的、具有操作性的谈判方案。学生对于这种方式反馈了更为真实的体验感和更满意的参与效果，同时设计组的学生在概念的学习能力、关系理解、记忆时长和满意度这四个方面都有非常显著的提升（Druckman & Ebner，2013）。研究还表明这种设计能够减少学生对于谈判模拟真实性的怀疑，主动改变谈判既定的线性流程，设计出各种矛盾和因素交错的谈判案例，模拟组也能更好地体验谈判员进行策略选择的复杂过程（Olekalns & Druckman，2014）。

4 结语

20世纪80年代后，角色扮演和模拟作为体验式教学的一种主要教学方式，能够显著提高学生的学习动力、学习兴趣和参与程度，迄今仍在谈判教学中占有主导性的地位。但是近年来有大量的研究表明，传统的谈判模拟已不能解决教学中长期存在的真实性问题，学生对模拟的场景、人员和流程产生的怀疑源于一成不变的模拟实践和真实谈判之间的巨大差异，而全球化和数字化的经济浪潮使得这种差距日益增大，以往学生参与模拟得到的真实体验和学习效果都不复存在。因此，教师和研究人员引入了新的谈判内容和环节，提升教学技术，在模拟方式上进行变革和创新，增加多元文化背景，以期重现真实的谈判场景，为学生创造更好的谈判体验。然而，真实的谈判世界是复杂多变的，谈判人员置身其中，不可避免地受到当下的环境和状态的影响，每一个谈判决策都具有不可复制的独特性，这些解决方法是否能行之有效，仍需后续大量的教学探索和研究来证实。

参考文献

ALEXANDER N, LEBARON M, 2010. Death of the role-play [J]. Hamline journal of public law & policy, 31 (2): 459-482.

BELL A, VALLEY T, 2020. The art of negotiation exercise design: five basic principles to produce powerful learning experiences [J/OL]. Negotiation journal, 36 (1): 57-72. DOI: https://doi.org/10.1111/nejo.12305.

BERNARD P E, 2009. Bringing soul to international negotiation [J/OL]. Negotiation journal, 25 (2): 147-160. DOI: https://doi.org/10.1111/j.1571-9979.2009.00216.x.

BLUMENFELD P C, KEMPLER T M, KRAJCIK J S, 2006. Motivation and cognitive engagement in learning environments [C]//R. K. Sawyer (Ed.), The Cambridge handbook of the learning sciences. Cambridge: Cambridge University Press: 475-488.

BREDEMEIER M E, GREENBLAT C S, 1981. The educational effectiveness of simulation games: a synthesis of findings [J/OL]. Simulation and games, 12 (3): 307-332. DOI: https://doi.org/10.1177/104687818101200304.

CHERRYHOLMES C, 1966. Some current research on effectiveness of educational simulations: implications for alternative strategies [J/OL]. American behavioral scientist, 10 (2): 4-7. DOI: https://doi.org/10.1177/000276426601000202.

COBEN J, 2012. Empowerment and recognition: students grade each other's negotiation outcomes [C]//

N. Ebner, J. Coben, & C. Honeyman (Eds), Rethinking negotiation teaching volume 3: assessing our students, assessing ourselves. Saint Paul: DRI Press, 147-170.

COHN L, EBNER N, 2010. Bringing negotiation teaching to life: From the classroom to the campus to the community [C]//C. Honeyman, J. Coben, & G. De Palo (Eds.), Rethinking negotiation teaching volume 2: venturing beyond the classroom. Saint Paul: DRI Press, 154-168.

CORSI J, 2010. Summary of mediation pedagogy conference participant survey results [J/OL]. Teaching negotiation, 3 (1). DOI:http://archive.constantcontact.com/fs079/1101638633053/archive/1102921839993.html#LETTER.BLOCK12.

CRAMPTON A, MANWARING M, 2008. Reality and artifice in teaching negotiations: the variable benefits of "keeping it real" in simulations [J/OL]. Teaching negotiation, 2 (1). DOI:http://archive.constantcontact.com/fs079/1101638633053/archive/1102208945307.html#LETTER.BLOCK8.

CURHAN J R, ELFENBEIN H A, XU H, 2006. What do people value when they negotiate? mapping the domain of subjective value in negotiation [J/OL]. Journal of personality and social psychology, 91 (3): 493–512. DOI: https://doi.org/10.1037/0022-3514.91.3.493.

DEASON E E, EFRON Y, HOWELL R, et al. , 2013. Debriefing the debrief [C]//C. Honeyman, J. Coben, & M. Lee (Eds.), Rethinking negotiation teaching volume 4: educating negotiators for a connected world. Saint Paul: DRI Press, 301-332.

DRUCKMAN D, EBNER N, 2013. Games, claims, and new frames: rethinking the use of simulation in negotiation education [J]. Negotiation journal, 29 (1): 61-92. DOI:https://doi.org/10.1111/nejo.12005.

DRUCKMAN D, OLEKALNS M, 2008. Emotions in negotiation [J/OL]. Group decision & negotiation, 17 (1): 1-11. DOI: https://doi.org/10.1007/s10726-007-9091-9.

EBNER N, EFRON Y, 2005. Using tomorrow's headlines for today's training: creating pseudo-reality in conflict resolution simulation games [J/OL]. Negotiation journal, 21 (3): 377-394. DOI: https://doi.org/10.1111/j.1571-9979.2005.00070.x.

EBNER N, EFRON Y, KOVACH K, 2012. Evaluating our evaluation: rethinking student assessment in negotiation courses [C]//N. Ebner, J. Coben, & C. Honeyman (Eds.), Rethinking negotiation teaching volume 3: assessing our students, assessing ourselves. Saint Paul: DRI Press, 19-42.

EBNER N, KOVACH K, 2010. Simulations 2. 0: the resurrection [C]// C. Honeyman, J. Coben, & G. De Palo (Eds.), Rethinking negotiation teaching volume 2: venturing beyond the classroom. Saint Paul: DRI Press, 245-267.

FORTGANG R S, 2000. Taking stock: an analysis of negotiation pedagogy across four professional fields[J/OL]. Negotiation journal, 16 (4): 325-338. DOI:https://doi.org/10.1111/j.1571-9979.2000.

tb00761.x.

FULLER B, 2012. Interviews as an assessment tool [C]// N. Ebner, J. Coben, & C. Honeyman (Eds.), Rethinking negotiation teaching volume 3: assessing our students, assessing ourselves. Saint Paul: DRI Press, 123-136.

GREENBLAT C S, 1973. Teaching with simulation games: a review of claims and evidence [J]. Teaching sociology, 1 (1): 62-83.

GREENHALGH L, LEWICKI R J, 2015. Evolution of teaching negotiation: the legacy of walton and mckersie[J/OL]. Negotiation journal, 31 (4): 465-476. DOI: https://doi.org/10.1111/nejo.12130.

HARTLEY J L, EBOCH K, GILBERG J, 2017. Using a corporate partnership to enhance learning in a sourcing negotiation role-play [J/OL]. Decision sciences journal of innovative education, 15 (2) : 124-137. DOI: https://doi.org/10.1111/dsji.12123.

KLAW B W, 2016. Deal-making 2. 0: a new experiential simulation in contract negotiation and drafting for business students in the global and digital age [J]. Journal of legal studies education, 33 (1): 37-70.

LANDE J, 2012. Teaching students to negotiate like a lawyer [J]. Washington University journal of law & policy, 39 (1): 109-144.

LEE J, 2012. Negotiating the assessment criteria [C]//N. Ebner, J. Coben, & C. Honeyman (Eds.), Rethinking negotiation teaching volume 3: assessing our students, assessing ourselves. Saint Paul: DRI Press, 117-123.

LEWICKI R J, 1997. Teaching negotiation and dispute resolution in colleges of business: the state of the practice[J/OL]. Negotiation journal, 13 (3): 253-270. DOI: https://doi.org/10.1111/j.1571-9979.1997.tb00131.x.

MARKS H M, 2000. Student engagement in instructional activity: patterns in the elementary, middle, and high school years [J]. American educational research journal, 37 (1): 153-184.

MOZAHEM N A, 2019. Negotiation and cooperation: a simulation using agent-based modeling [Z/OL]. SAGE Research Methods Cases in Business and Management. DOI: https://doi.org/10.4135/9781526469298.

OLEKALNS M, DRUCKMAN D, 2014. With feeling: how emotions shape negotiation [J/OL]. Negotiation journal, 30 (4): 455-478. DOI: https://doi.org/10.1111/nejo.12071.

PATTON B, 2009. The deceptive simplicity of teaching negotiation: reflections on thirty years of the negotiation workshop [J/OL]. Negotiation journal, 25 (4): 481-498. DOI: https://doi.org/10.1111/j.1571-9979.2009.00240.x.

PIERFY D A, 1977. Comparative simulation game research: stumbling blocks and steppingstones [J/OL].

Simulation & games, 8 (2): 255-268. DOI: https://doi.org/10.1177/003755007782006.

POITRAS J, STIMEC A, HILL K, 2013. Fostering student engagement in negotiation role plays [J/OL]. Negotiation journal, 29 (4): 439-462. DOI: https://doi.org/10.1111/nejo.12036.

RAIFFA H, 1982. The art and science of negotiation [M]. Cambridge, MA. : Harvard University Press.

RANDEL J, MORRIS B, WETZEL C, et al. , 1992. The effectiveness of games for educational purposes: a review of recent research [J/OL]. Simulation and games, 23 (3): 261-276. DOI: https://doi.org/10.1177/1046878192233001.

STOKOE E, 2014. The conversation analytic role-play method (CARM): a method for training communication skills as an alternative to simulated role-play[J/OL]. Research on language and social interaction, 47 (3): 255-265. DOI: https://doi.org/10.1080/08351813.2014.925663.

SUSSKIND L, CORBURN J, 1999. Using simulations to teach negotiation: pedagogical theory and practice [Z/OL]. Working Paper 99-1. Program on Negotiation at Harvard Law School. DOI: http://web.mit.edu/publicdisputes/teach/corburn.pdf.

VOLKEMA R J, 2007. Negotiating for money: adding a dose of reality to classroom negotiations [J/OL]. Negotiation journal, 23 (4): 473-486. DOI: https://doi.org/10.1111/insp.12076.

WEISS S E, 2008. Mega-simulations in negotiation teaching: extraordinary investments with extraordinary benefits [J/OL]. Negotiation journal, 24 (3): 325-354. DOI: https://doi.org/10.1111/j.1571-9979.2008.00187.x.

美媒对中美经济报道的批评认知分析[1]

李 慧[2]

摘要: 本文选取美国主流媒体新冠疫情期间对中美经济的报道自建语料库,基于概念隐喻和架构理论,结合批评话语分析,对中美经济报道语篇中的批评认知进行了研究。研究发现,在这一时期,就隐喻密度而言,美国经济报道语料库比中国经济报道语料库中的隐喻密度要大一些;就表层隐喻架构而言,美国经济报道语料库包含27种隐喻架构,中国经济报道语料库中的隐喻种类相对较少,只有16种隐喻架构;就深层隐喻架构而言,美媒认为此次疫情对美国经济产生了严重的影响、对政府的公共债务救济并不看好等。相比而言,美媒对中国经济并不看好,对疫情后的中国经济恢复没有信心,同时美媒故意夸大中国经济对欧美进口的依赖性。

关键词: 批评话语分析;架构隐喻;中美经济报道

---

[1] 基金项目:本文是2023年重庆市教育委员会人文社会科学研究"新媒体时代重庆企业国际形象的多模态话语建构与传播力提升研究"项目(项目编号:23SKGH370)的阶段性研究成果。
[2] 李慧,文学硕士,重庆第二师范学院外国语言文学学院讲师,研究方向为商务英语话语、语料库语言学。

The Critical Cognitive Analysis of the Chinese and American Economic Reports by American Media

LI Hui

Abstract: This article studies the critical cognitive analysis in the discourse, from the perspective of conceptual metaphor and structural theory, based on the self-built corpus of the Chinese and American economic reports during the COVID-19 epidemic period by the American mainstream press. It's found out that, in terms of metaphor density, the metaphor density in the American economic reports corpus is larger than that in the Chinese economic report corpus; for the surface metaphor structure, the American Economic Report Corpus contains 27 metaphor structures. However, in the Chinese Economic Report Corpus, there are only 16 metaphorical structures. As far as the deep metaphor framework is concerned, the US media believes that the epidemic has had a serious impact on the US economy, the press is not optimistic about the government's public debt relief, and the press lacks confidence in the recovery of the US economy. In contrast, the US media is not optimistic about China's economy and its recovery after the epidemic.

Key words: Critical discourse analysis; structural metaphor; Chinese and American economic report

1 引言

批评话语分析在中国已发展超过20年。批评话语分析研究语言、权力和意识形态三者之间的关系。Fairclough（1992：67）提出了批评话语分析的三维分析模式，即语篇分析、话语实践分析和社会文化实践。"架构"这个词语由Fillmore（1975）引入语言学领域，用来区分场景（scene）和框架（frame），并认为"架构"是"对场景进行呈现和记忆过程中的结构化方式"（梁婧玉，2018：24）。Lakoff（2004）认为，人们会通过架构和隐喻去思考。汪少华（2014）认为如果两个架构之间存在隐喻关系即为架构隐喻。汪少华和张薇（2018）将架构理论（Framing Theory）和批评话语分析相结合，为"后真相"时代的话语研究提供新的路径，即批评架构分析。国内话语分析的研究趋向于与热点问题相联系，利用话语分析揭示文本下隐藏的"真相"。而自从2018年中美贸易争端以来，外媒对于中国经济的报道增多，王云悠（2019）从认知隐喻的角度对2013年中美贸易争端官方话语进行了批评认知分析。随着中美第一阶段贸易协议的达成，贸易争端告一段落。然而新冠疫情在2020年年初暴发，迅速波及全球经济，引发大量舆论。新闻报道中的语言能够传递话语结构中隐含的意识形态，因此本文拟借助批评话语分析，从美国媒体在疫情时期的中美经济报道入手，基于架构隐喻视角来探究美国主流媒体在变局下对大众舆论的引导和影响。

2 理论基础

2.1 批评话语分析

批评话语又称批评语言学或批评话语分析，它从批评的角度研究话语，通过分析话语的语言特点及其所处的社会历史文化语境来考察背后的意识形态意义，进而揭示语言、权力和意识形态之间的关系（辛斌，2005）。批评话语分析始于20世纪70年代，在20世纪末和21世纪初得以发展壮大，21世纪进入了批评话语研究阶段

（Van Dijk，2007；Wodak & Meyer，2016）。批评话语分析（Critical Discourse Analysis，简称CDA）是现代语言学研究的一个新兴分支，融合了众多语言学研究方法，包括话语分析、系统功能语言学、认知语言学和语料库语言学等研究方法，因此发展出多种研究范式，包括基于系统功能语言学的批评话语分析、基于语料库的批评话语分析、基于认知语言学的批评话语分析等。通过对话语这一社会实践的形式进行分析，可以研究各种社会问题，揭示语言运用中隐含的意识形态及体现的权利关系。

认知语言学的发展有助于揭示意识形态在话语中的概念过程，为批评话语分析提供新视角。国外基于认知语言学的批评话语分析主要以Wodak的话语历史分析法和Van Dijk的社会认知法为主。Wodak（1998）认为批评性话语分析是一项跨学科研究，旨在阐明语言中的主导关系、权力和隐藏的歧视。Wodak提出了话语历史分析法，这是一种在一定历史背景下分析话语的方法，他认为批评性话语分析的研究将从作为话语和社会中介的认知整合中受益匪浅。Van Dijk（2001）提出了批评话语分析的社会认知法。他坚持认为社会认知将话语和社会结构联系在一起。此外，Chilton（2004）介绍了政治话语分析理论，包括过滤分析、向量分析、时空概念隐喻等方法，并将其应用于政治访谈、国会辩论、政客演讲以及移民和宗教的政治话语分析。在国内，基于认知视角的批评话语研究发展迅速。例如，沈继荣和辛斌（2016）、张辉和江龙（2008）对认知语言学和批评话语分析的融合进行了探究。汪少华和张薇（2017）将架构理论（Framing Theory）和批评话语分析相结合，为"后真相"时代的话语研究提供新的路径，即批评架构分析。王云悠（2019）从认知隐喻的角度对2018年中美贸易争端官方话语进行了批评认知分析。

2.2 隐喻与架构

Lakoff和Johnson在《我们赖以生存的隐喻》（*Metaphors We Live By*）一书中指出，隐喻不仅仅是一种语言现象，更是一种认知思维方式——"我们借以思维和行动的日常概念系统在本质上基本上是隐喻的"（1980：3）。隐喻是人们思考和谈论世界的主要方式。认知隐喻涉及两个认知域，分别是源域和目标域，两个认知域之间的映射即用源域感知目标域的过程。隐喻不是任意的，而是以人体的经验为理据的，隐喻使人们用直接的空间经验来进行更抽象的理解。人类的概念体系中存在一个极端广泛的概念隐喻系统，可用一个较为直接的体验性概念来建构抽象概念。在认知语言学领域，隐喻可以被称为认知隐喻或者概念隐喻。Lakoff和Johnson（1980）将隐喻分为三类，即结构隐喻、方位隐喻和本体隐喻。结构隐喻是指隐喻中始源概念域的结构可系统地转移到目标概念域中，使得后者可按照前者的结构来系统地加以理解。方位隐喻是运用表达空间的概念来组织另一概念系统，如上下、前后、远近、深浅等，这些与我们的身体构造和行为方式密切相关。本体隐喻是用关于物体的概念或概念结构来认识和理解我们的经验，将抽象的概念喻说成具体的物体，使后者的有关特征映射到前者身上。这三种常见分类有助于分析隐喻意义形成的过程和方式。隐喻普遍存在于语言、思维、话语中，它可以作为无意或有意的批评工具。隐喻表达是研究话语认知和社会因素的起点，隐含的概念隐喻无处不在，源自概念隐喻的隐喻表达解释了社会关系的认知建构。同时，概念隐喻凸显或隐藏某些语义特征，隐含了相应的意识形态。

"架构"这个词语由Fillmore（1975）引入语言学领域，用来区分场景（scene）和框架（frame），并认为"架构"是"对场景进行呈现和记忆的过程中的结构化方式"。根据Fillmore（1975：387）的观点，架构在词汇意义的建构过程中具有基础性作用，而词汇的使用也会激活架构。架构是一种决定我们如何看待世界的根深蒂固的心理结构，决定着我们的常识、思维方式，反映我们的价值取向。我们的语言本质上是依赖于大脑中的架构，当我们听到一个词时，与之相关的架构就会在大脑中被激活。架构的运作机制是架构互动。

架构可分为表层架构和深层架构两种：由词语激活的心理结构为表层架构，深层架构指构成道德世界观和政治哲学的最为根本的架构（汪少华，2008：5）。表层架构又可以分为两类：隐喻性表层架构和非隐喻性表层架构。大部分语言表达被认为是隐喻性的，我们将由其激活或归纳的架构称为隐喻性表层架构。此外，非隐喻性的表达可直接归纳为非隐喻性表层架构。由表层架构激活的价值观称为深层架构，然而深层架构不同于表层架构，因此不能通过语言的表面意义而获得。深层架构建构人们如何看待世界，深层架构是关乎道德和政治原则最深层的东西，它与人们的道德体系或世界观紧密相连。

从架构隐喻的高度来解构话语，为经济类新闻报道的解读提供新的方法，而之前大多数学者都是用架构隐喻来分析政治语篇。政治语篇可以通过影响受众的心理模式、态度等对受众进行控制（Van Dijk, 1996：89），也是批评话语分析研究中常用的语料，而经济类新闻报道的批评话语分析研究也较少。因此本文将从架构隐喻视角入手，将认知机制与批评话语分析相融合，探索经济话语研究的新路径，同时从语言认知领域探究外媒对公众的舆论的引导方式。

3 研究设计

3.1 语料库的建立

本研究选取新冠疫情期间美国主流媒体《洛杉矶时报》（*Los Angeles Times*）和《华盛顿邮报》（*The Post*）以及"美国有线电视新闻网"关于中美经济的新闻报道作为语料，选取时间节点为2020年1月到2021年10月，建立这一时期中美经济报道语料库。语料库包含两个子库，即这一时期的美国经济报道语料库（简称EAEC语料库）和中国经济报道语料库（简称ECEC语料库）。如表1所示，EAEC语料库包含139篇语料，其中86篇来自《洛杉矶时报》，30篇来自《华盛顿邮报》，23篇来自美国有线电视新闻网。ECEC语料库包含132篇语料，其中70篇来自《洛杉矶时报》，36篇来自《华盛顿邮报》，26篇来自美国有线电视新闻网。

表1 语料的来源　　　　　　　　　　　　　　　　（单位：篇）

语料库	来源			总计
	《洛杉矶时报》	《华盛顿邮报》	美国有线电视新闻网	
EAEC语料库	86	30	23	139
ECEC语料库	70	36	26	132

本研究中所用的工具为PowerGREP文本整理器以及语料库软件Lansbox。PowerGREP文本整理器可以对文本中多余的空格、乱码的文字进行删选，语料库软件Lansbox具有语料标注功能（POS）、词表功能（words）、关键词检索功能（KWIC）、N元模型功能（N-grams）、节点词的搭配功能（Graphcoll）等。经统计，如表2所示，EAEC语料库包含139篇语料库经济报道，其形符为123 572个字符，标准化类形符比为0.0857；ECEC语料库包含132篇经济报道，其形符为123 451个字符，标准化类形符比为0.0835。这两个语料库的容量、建库原则与方法、语料种类都比较相似，故这两个语料库具有一定的可比性，可进行对比研究。

表2 形符类符数据

语料库	形符数	类符数	标准化类形符比（STTR）
EAEC语料库	123 536	10 590	0.0857
ECEC语料库	122 133	10 201	0.0835

3.2 研究内容

本研究基于EAEC语料库和ECEC语料库，提取表层结构，并区分隐喻性表层结构和非隐喻性表层结构。提取出隐喻性表层结构之后，通过隐喻疏密度计算公式，即隐喻疏密度=隐喻性词汇数量/（某经济报道词数/1000），计算出每千字中的隐喻数量，判断在新闻报道中隐喻是否存在丰富性，以及隐喻的疏密程度如何，哪些隐喻表层结构占主导地位。结合批评话语分析，用占主导地位的隐喻表层架构所激活的深层架构解读疫情下中美经济新闻报道中因果关系的推理过程以及话语之间的关系，以及这些架构对公众所引发的联想，进而推导出影响公众的理解或思维的模式。通过以上方法对架构隐喻进行分析，探究经济新闻报道中所存在的权力操纵与意识形态动机。

4 研究分析

4.1 中美经济报道的概念隐喻分析

本论文借鉴Pragglejaz团队（2007）的隐喻识别程序（MIP）以及语料库软件Lancsbox的搜索查找功能来识别语言的隐喻。首先，利用语料库软件查找中美经济的高频词和高频词组，然后通过语料库软件的语境共现功能查阅高频词所在文中的位置，再根据上下文语境，确定每个词汇单位在文本中的语义，即它是如何运用于实体、关系的，或是如何在文本激活的情景中被归类的。其次，对于每一个词汇单元，要确定这一词汇单元在其他文本中是否存在一种指代意义，这种指代意义要比给出的文本中的意义更加具体。此外，被激活的情景应该是很容易被人们联想、看到、听到、感知到、闻到或尝到的，或是与肢体活动密切联系的或是更加明确的。如果在其他文本中词汇单元比现有文本更加基本通用，确定文本中的意义能够与其基本意义形成对化，而且可以通过与基本意义的比较来理解文本意义，那么该词汇单元则是隐喻性的。

如表3所示，经统计EAEC语料库和ECEC语料库中隐喻数量分别是103个和38个。然后根据隐喻疏密度公式，即隐喻疏密度＝隐喻性词汇数量/（某经济报道词数/1000），计算得出EAEC语料库和ECEC语料库中隐喻疏密度分别为0.83和0.31，在0.05的显著水平下，计算得到p值为0.000，小于临界值0.05，说明具有显著差异，由此可见，这一时期美国经济报道语料库比中国经济报道语料库中的隐喻密度要大。

表3 隐喻的疏密度

语料库	EAEC语料库	ECEC语料库
隐喻数量	103	38
隐喻疏密度	0.83	0.31

4.2 中美经济隐喻的批评架构分析

4.2.1 表层架构隐喻分析

（1）美国经济报道中的表层架构隐喻分析。

根据表4所示，经过分析在EAEC语料库中共发现了三大类的隐喻：经济衰退类隐喻、经济复苏类隐喻、经济救助类隐喻。这三大类隐喻又可分为27种隐喻架构，主要包括灾难架构、战争架构、旅程架构、游戏架构、比赛架构、大萧条架构、引擎架构、浪潮架构、天气架构、人类架构、跳水架构、机器架构、熊市架构、容器架构、救生索架构、燃料架构、战斗架构、图形架构、海啸架构、洪水架构、流水架构、比赛架构、水龙头架构、午餐架构等。

其中，经济衰退是旅程这一架构出现的频率最高，高达17次，始源域是旅程，目标域是经济速度、经济降速、经济波动。经济衰退是战争的架构出现频率次之，始源域是战争，目标域是疫情对经济的影响、石油价格、贸易关系。经济复苏是旅程这个架构占比也比较高，源域是旅程，目标域是经济恢复、产量、就业增速等。经济衰退是大萧条这一架构出现了6次，其源域是大萧条，目标域就是疫情下低迷的经济。经济衰退是容器这个架构出现了6次，其源域是容器，目标域是股市、信贷利率、石油市场等。经济复苏是引擎这一架构出现了6次，其源域是引擎，目标域是疫情后经济增长、就业市场复苏、股市复苏等。经济衰退是灾难这个隐喻出现了5次，其源域是灾难，目标域是经济下滑、企业倒闭。经济衰退是引擎这一架构出现了4次，源域是引擎，目标域是下跌的股市、疲软的经济、衰退的航空业等。经济衰退是人类这一架构出现了4次，源域是人类，目标域是低迷的经济、石油价格、旅游业。经济复苏是燃料这个架构出现了4次,其源域是燃料,目标域是强劲的就业市场、消费需求、经济发展等。经济衰退是浪潮这个架构出现了3次,其始源域是浪潮,目标域是失业、小企业倒闭和破产以及工作领域的法律纠纷。经济衰退是天气这一架构出现了3次,其源域是冰冻的天气,目标域是升值、招聘、经济活动。经济复苏是图形这一架构出现了3次,其源域是W形、V形以及旋风形等图形,目标域是经济状况、股市、经济数据。此外,还包括其比赛、跳水、战斗等架构,出现次数相对较少。

表4 EAEC语料库中架构隐喻

分类	架构	隐喻性的表达	词数
经济衰退类	灾难架构	calamity, catastrophe, disaster(3)	5
	战争架构	hand grenade, trade war(5), price war(5), tariff war(2)	13
	旅程架构	speed(3), slow(11), move(3)	17
	游戏架构	snowball, a game of blindfolded darts, put the market on a roller coaster, a roller-coaster ride	5
	比赛架构	running a marathon	1
	大萧条架构	the Great Recession(4), echo of the Great Recession(2)	6
	引擎架构	runs out of gas, doesn't need to burn as much fuel, need less fuel, brace for losses	4
	浪潮架构	wave(3)	3
	天气架构	frozen, hiring freezes, freeze of economic activity	3
	人类架构	a deeper hole to climb out of, oil prices crumpled, chokes the economy, a chill on travel	4
	跳水架构	dive	1
	机器架构	turn off the economy, a warning sign on the economic dashboard	2
	熊市架构	bear market	1
	容器架构	bottom(6)	6

续表

分类	架构	隐喻性的表达	词数
经济复苏类	旅程架构	back on the path, direction（2）, speed（4）, move（1）	8
	救生索架构	lifeline（2）	2
	引擎架构	put the brakes on（2）, lose steam, run out of steam, slam the brakes on, coronavirus-fueled sell-off	6
	燃料架构	fuel（3）, keep fueling steady	4
	战斗架构	battle	1
	图形架构	W-shaped, V shaped, Nike swoosh	3
	海啸架构	tsunami	1
经济救助类	救生索架构	lifeline（2）	2
	洪水架构	ready to flood the SBA with	1
	流水架构	run dry	1
	比赛架构	fumble	1
	水龙头架构	taps	1
	免费的午餐架构	free lunch	1

（2）中国经济报道中的表层架构隐喻分析。

根据表5所示，经过分析在EAEC语料库中共发现了两大类的隐喻，分为经济衰退类隐喻和经济复苏类隐喻，这两大类隐喻又可分为16种架构，主要包括人类架构、容器架构、游戏架构、灾难架构、比赛架构、创伤架构、天气架构、战争架构、引擎架构、噩梦架构、黑天鹅事件架构、红海架构、猎物架构、形状架构等。

其中，经济衰退是人类这一架构出现的频率最高，高达7次，始源域是人，目标域是经济重击、经济感到痛苦、经济打喷嚏、股市跌倒、挣扎的经济、经济步履蹒跚、工业瘫痪。经济衰退是天气这一架构出现了3次，始源域是天气，目标域是经济停滞、经济发展下降、旅游业下滑。经济衰退是战争这一架构出现了3次，始源域是战争，目标域是供应链困境、经济衰退、饭店生意惨淡。经济衰退是噩梦这一架构出现了3次，始源域是噩梦，目标域是摧毁的经济、不断上升的失业率、遭受重创的经济。经济衰退是容器这一架构出现了2次，始源域是容器底部，目标域是经济衰退、银行利润的下降。经济衰退是游戏这一架构出现了2次，始源域是游戏，目标域是经济衰退的结果。经济衰退是灾难这一架构出现了2次，始源域是灾难，目标域是供应链的崩溃、供应链的中断。经济衰退是比赛这一架构出现了1次，始源域是比赛，目标域是股市跳水。经济衰退是创伤这一架构出现了1次，始源域是创伤，目标域是疫情对中国经济的冲击。经济衰退是引擎这个架构出现了1次，始源域是踩刹车，目标域是投资热。经济衰退是黑天鹅事件这个架构出现了1次，始源域是黑天鹅事件，目标域是失业问题导致的社会动乱。经济衰退是红海这一架构出现了1次，始源域是红海，目标域是亚洲股市的下跌。经济衰退是猎物这一架构出现了1次，始源域是石油市场的衰退。经济复苏是人类这一架构出现了5次，始源域是人类，目标域是香港股市的攀升、经济增长率的攀升、中国经济大步向前、中国经济迎头赶上。经济恢复是形状这一架构出现了2次，始源域是W形和U形，目标域是中国经济的恢复。经济复苏是引擎这一架构中，始源域是引擎，目标域是中国经济的增长和工业的增长。

表5 ECEC语料库中架构隐喻

分类	架构	隐喻性的表达	词数
经济衰退类	人类架构	blow, feeling pain, sneeze, wipeout, struggling, reel from, paralyzed	7
	容器架构	hit the bottom, the bottom of the barrel	2
	游戏架构	snowball（3）	2
	灾难架构	disaster, catastrophe	2
	比赛架构	dive	1
	创伤架构	beyond the band-aid fix	1
	天气架构	freeze cool, chill	3
	战争架构	bidding wars, ammunition, battle through	3
	引擎架构	put the brakes on	1
	噩梦架构	nightmare（3）	3
	黑天鹅事件架构	"black swan" problem	1
	红海架构	sea of red	1
	猎物架构	prey	1
经济复苏类	人类架构	climb（3）, hitting its stride, pulls ahead	5
	形状架构	W-shaped recovery, U-turn	2
	引擎架构	fueled by（2）, engine	3

4.2.2 深层架构隐喻分析

深层架构不同于表层架构，因此不能通过语言的表面意义而获得，深层是由表层架构激活的价值观，需要通过表层架构结合语境和认知来分析并提炼。本文将分别分对这一时期美国经济的深层架构隐喻和中国经济的深层架构隐喻进行分析。

（1）美国经济的深层架构隐喻分析。

本文将从经济衰退、经济复苏、经济救助三个方面对美国经济的深层架构隐喻进行分析。

第一,经济衰退。

①"The recession will be worse than the one we went through from 2007 to 2009," said Sung Won Sohn, economics and business professor at Loyola Marymount University in Los Angeles, referring to the downturn that came to be called *the Great Recession* because it was the worst slump since the Great Depression of the 1930s.(LA21)

②Throw in coronavirus fears, home quarantines and hiring *freezes* at many companies, and the hunt for work becomes even more difficult.(LA52)

③There aren't many precedents for the trauma that financial markets have suffered last week, as the coronavirus crisis drove U.S. stocks into a *bear market* and briefly sent yields on every Treasury bond crashing below 1%.(LA55)

例①中,"the Great Recession"激活了大萧条架构,美媒称此次新冠疫情造成的经济衰退比自2007年至2009年的金融危机导致的经济衰退更严重,同时也是20世纪30年代以来最严重的衰退。例②中,"freeze"激活了天气架构,对新型冠状病毒的恐惧以及许多公司的家庭隔离,使得招聘冻结,就业变得更加困难。例③中,"bear market"激活了熊市架构,表明美国金融市场也遭受了重创,此次病毒危机将美国股市推向熊市。可见,美媒认为此次疫情对美国经济产生了严重的影响。

第二,经济复苏。

④In a press conference at the White House, Trump said that the stock market is showing signs of what's known as a *V-shaped* economic recovery, or a sharp rise back to a previous peak after a sharp recession. He also added that currently, the U.S. stock market is "stronger than... competitors anywhere in the world."(1WP)

⑤There's a growing possibility of a *W-shaped* economic recovery — and it's scary. The economists who have been tracking permanent small-business closures also found that 34 percent of small businesses said they are either paying reduced rent or delaying the payment, according to a poll conducted April 25 to 27. (13WP)

⑥The coming spending *tsunami* is expected to lift the U.S. economy to its fastest growth rate since at least the early 1980s, but it's unclear how long it will last. (24WP)

例④中"V-shaped"激活了形状架构，在记者招待会上，特朗普总统声称："美国股市呈现出V形恢复"，也就是说在疫情影响下经济衰退，然后又迅速增长到先前的顶峰，同时特朗普总统还声称美国股市要比世界其他任何国家的股市都表现得更加强劲。但是，例⑤中，"W-shaped"激活了形状架构，经济复苏线条呈W形状，充满了波折，这种现象是令人恐惧的。中小企业曾是美国经济的支柱，但是疫情使中小企业不堪重负，连租金都是延迟交付或者减少交付金额。例⑥中，"tsunami"一词激活了海啸架构，经济支出是海啸，让美国经济达到自20世纪80年代以来最快速的增长，但是经济增长充满不确定性，尚不清楚增长会持续到何时，可见外媒对美国经济的复苏信心不足。

第三，经济救助。

⑦Until July 31, the unemployed were receiving an extra $600 a week in federal money on top of regular state unemployment benefits, part of an extraordinary *lifeline* extended to help them through the crisis. The loss of that money is putting the squeeze on many families. (LA14)

⑧With government spending helping to steer countries through the pandemic, it may not be easy to turn off the *taps* afterward. Politicians will have little incentive for belt-tightening measures that could endanger a rebound. Economists, especially from the rising Modern Monetary Theory school, will argue that in a low-inflation world there's no need to try. (LA75)

例⑦中，"lifeline"激活了救生索架构，新冠疫情期间美国政府为失业者提供失业救济金，救济金被美国媒体称为救生索，体现了美媒对政府的高度评价，政府如同救世主，给失业人员提供了救生索。例⑧中，"taps"激活了水龙头架构，美媒把新冠疫情期间产生的公共债务（即向家庭、企业和市场输送现金）视为水龙头。由于政府支出有助于引导各州度过疫情，因此事后关闭水龙头可能并不容易。说明，美媒对疫情期间政府的公共债务救济并不看好，担心公共债务救济可能以后很难停止，同时可能会影响经济反弹。

（2）中国经济的深层架构隐喻分析。

本文将从经济衰退和经济复苏两个方面对美国经济的深层架构隐喻进行分析。

第一，经济衰退。

⑨The rebound ended a five-day losing streak for the Dow Jones industrial average fueled largely by fears that the spread of a new virus in China could hamper global economic growth. The outbreak has killed more than 100 people, putting a *chill* on travel and tourism in China. （8LA）

⑩China's economy was devastated by the novel coronavirus outbreak in the first two months of the year, according to data published Monday, and analysts say the *nightmare* is far from over. Retail sales plunged 20.5% during January and February over the same period in 2019, industrial output was down 13.5%, and fixed asset investment fell by nearly 25%, according to the National Bureau of Statistics. （6CNN）

⑪China's factories are *reeling from* the novel coronavirus outbreak. Manufacturing activity in the country fell to record lows last month, according to a closely watched private survey. The media group Caixin said Monday that China's manufacturing purchasing managers index sank to 40.3 in February, down from January's 51.1 and the lowest reading since the survey began in 2004. （7CNN）

例⑨中，"chill"激活了天气架构，新冠疫情给中国的旅游和旅游业带来了寒意，使旅游和旅游业受到影响，造成了较大的负面影响。例⑩中，"nightmare"一词激活了噩梦架构，在疫情发生后的两个月内中国的经济遭遇重创，其中零售业、工业、固定资产投资的下跌幅度都超过了10%，经济衰退这一噩梦还远未结束。例

⑪中,"reeling from"激活了人类架构,中国的工厂因新型冠状疫情暴发而步履蹒跚,4月份工厂的生产活动跌到最低水平。疫情对中国的众多行业都造成了较大影响,经济下跌比较严重,可见美媒对中国经济并不看好。

第二,经济复苏。

⑫Forecasters say China is likely to face a "*W-shaped* recovery" with a second downturn and millions of politically volatile job losses later in the year because of weak U.S. and European demand for Chinese exports. (49LA)

例⑫中,"W-shaped"激活了形状架构,《洛杉矶时报》称中国经济恢复曲线将呈W形,跌宕起伏,可见其对中国经济恢复没有信心,同时将这种情况归因为美国和欧洲对中国出口的需求减少,由此可见美媒故意夸大美国和欧洲对中国经济的影响。

5 结论

本文通过自建新冠疫情期间美国主要媒体对中美国经济报道的语料库,研究了两个子库中概念隐喻的总体分布情况、表层隐喻架构以及深层隐喻架构的批评话语分析。第一,总体而言,这一时期美国经济报道语料库比中国经济报道语料库中的隐喻密度要大一些。第二,就表层隐喻架构而言,这一时期美国经济报道语料库包含经济衰退类隐喻、经济复苏类隐喻、经济救助类隐喻,这三大类隐喻又可分为27种隐喻架构,主要包括灾难架构、战争架构、旅程架构等。然而,相比而言,中国经济报道语料库中的隐喻种类相对较少,只包含两类隐喻,即经济衰退类隐喻和经济复苏类隐喻,这两大类隐喻又可分为16种隐喻架构,主要包括人类架构、天气架构、战争架构、噩梦架构等。尽管两个子库中某些架构名称相同,如人类架构、灾难架构、游戏架构等,但是它们指代的意义却不同。第三,就深层隐喻架构而言,美国经济报道语料库中,通过大萧条架构、救生索架构等,描述了疫情后美国经济恢复充满了波折的状况,由此可见美媒对美国经济的复苏信心不足。相比而言,中国经济报道语料库中,通过天气架构、引擎架构等,美媒对疫情后的中国经济恢复缺乏信心。希望本文能够帮助相关人员理解外媒关于新冠疫情背景下中美经济报道中的概念隐喻,并能从架构隐喻的视角更深层地理解新闻语篇中所蕴含的价值观和态度,来探究美国主流媒体对于疫情变局下大众舆论的引导和影响。

参考文献

梁婧玉,2018. 中国国家形象的架构隐喻分析——以2016年《经济学人》中国专栏为例 [J]. 外语研究(6):23-29.

梁婧玉,汪少华,2018. 政治语篇隐喻架构之分析——以布什和奥巴马的医保演说为例 [J]. 陕西师范大学学报(哲学社会科学版)(2):19-26.

沈继荣,辛斌,2016. 两种取向、一种融合——批评话语分析与认知语言学整合研究 [J]. 山东外语教学(1):19-26.

汪少华,2008. 谚语·架构·认知 [J]. 外语与外语教学(6):4-6.

汪少华,2014. 美国政府赖以生存的架构与隐喻 [J]. 山东外语教学(4):30-34.

汪少华,张薇,2017. 论中国政治话语体系的认知建构——以习近平2017年瑞士两场演讲为例 [J]. 南京师范大学学报(社会科学版)(5):146-153.

王云悠,2019. 2018年中美贸易战官方话语的批评认知分析 [D]. 重庆:西南大学.

汪少华,张薇,2018. "后真相"时代话语研究的新路径:批评架构分析 [J]. 外语教学(4):29-34.

辛斌,2005. 批评语言学:理论与应用 [M]. 上海:上海外语教育出版社.

张辉,江龙,2008. 试论认知语言学与批评话语分析的融合 [J]. 外语学刊(5):12-19.

CHILTON P, 2004. Analyzing political discourse [M]. London & New York: Routledge.

FAIRCLOUGH N, 1992. Discourse and social change [M]. Cambridge: Polity Press.

FILLMORE C J, 1975. An alternative to checklist theories of meaning [C]//Cogen, C., Thompson, H. & Turgood, G. (Eds.). Proceedings of the first annual meeting of the Berkeley Linguistics Society. Berkeley: Berkeley Linguistics Society, 66-73.

LAKOFF G, JOHNSON M, 1980. Metaphors We Live By [M]. Chicago: University of Chicago Press.

LAKOFF G, 2004/2014. Don't think of an elephant! Know your values and frame the debate [M]. Hartford: Chelsea Green Publishing.

MOSES J F, GONZALES M H, 2014. Strong candidates, nurturant candidate: moral language in presidential television advertisements [J]. Political psychology (3) 46-54.

VAN DIJK T A, 1996. Discourse, Power and Access [C]//C. R. Calcas-Coulthard & M. Coulthard (Eds.), Texts and practices: readings in critical discourse analysis. London: Routledge. 84-104.

VAN DIJK T A, 2001. Multidisipinary CDA: a plea for diversity [C]//R. Wodak & M. Meryer (Eds.), Methods of critical discourse analysis. London: Sage, 95-120.

VAN DIJK T A, 2007. Editor's introduction: the study of discourse—an introduction [J]. Discourse studies, 1: xix-xlii.

WODAK R, 1998. Language, power and ideology: studies in political discourse [M]. Amsterdam & Philadelphia: John Benjamin's.

WODAK R, MEYER M, 2016. Critical discourse studies: history, agenda, theory and methology [C]//R. Wodak & M. Meyer (Eds), Methods of critical discourse studies. London: Sage, 1-22.

外语听力教学综述及对商务英语教学的启示

张运佳[1]　徐　建[2]

摘要：英语作为国际通用语言，在商务交流中的作用至关重要。2007年，教育部制定《大学英语课程教学要求》，明确提出大学英语教学的目标是"培养学生的英语综合应用能力，特别是听说能力"，顺应现实社会及国际交流之所需。鉴于此，本文通过审阅近十年国内外学术期刊刊载的相关研究论文，深入探讨大学英语听力教学的现状及发展趋势，同时总结分析已获成就及面临问题，为商务英语听力教学提供借鉴。

关键词：英语听力教学；综述；商务英语

1　张运佳，重庆外语外事学院助教，四川外国语大学硕士，主要研究方向为二语听力、外语教学。
2　徐建，四川外国语大学教授、嘉陵青年学者，香港中文大学博士，主要研究方向为二语听力与写作及外语教师身份认同。

A Comprehensive Review of Foreign Language Listening Instruction and Its Implications for Business English Teaching

ZHANG Yunjia   XU Jian

Abstract: English, as a global lingua franca, plays an indispensable role in business communication. In 2007, the Ministry of Education established the "University English Curriculum Teaching Requirements," which clearly set forth the goal of university English teaching as "cultivating students' comprehensive English application abilities, especially listening and speaking skills," to meet the needs of contemporary society and international communication. In light of this, the present paper intends to review relevant research articles published in academic journals at home and abroad over the past decade. It aims to delve into the current state and future trends of college English listening teaching, summarize and analyze the achievements made and the challenges faced, thereby providing insights for business English listening instruction.

Key words: English listening instruction; Educational review; Business English

1 引言

伴随着21世纪经济全球化的深刻变革,外语在企业进出口贸易中的作用日益显著。英语作为国际贸易中的通用语言,在交易环节起到了桥梁作用,同时也有助于提升企业、城市乃至国家的形象。书面英语在写作领域广为运用,而在日常经贸活动中,英语听说能力在商务谈判、合约签署及客户关系维系方面发挥着关键性作用。大学英语教学的范围广泛,其实施过程和效果直接关系到英语人才的培养和人才质量的提高。重视听力教学,以听力课程为切入点,对大学生听说能力的培养与提高有着重要的实践意义。

鉴于英语在全球化时代的关键地位,强化外语或第二语言听力的必要性已获得广泛认可(Field,2019)。众多国内外学者都曾针对英语听力教学方法进行深入探讨,如Vandergrift & Tafaghodtari(2010)以实证研究揭示了基于元认知策略的教学对提升学生元认知意识及听力理解的显著效果;Siegel(2015)以听力策略培训为切入点,指出策略可通过第二语言听力教学来培养;Xu等人(2021)以过去半个世纪国内外英语教学研究为基础,通过定量数据分析,提出了四种类别的英语听力教学:理解式教学、过程式教学、策略式教学及自我调节式教学。与此同时,研究者们也开始关注英语教学研究的进展,如Dalman & Plonsky(2022)综合该领域定量研究成果,对第二语言听力策略教学的整体效果进行元分析,并指出影响听力教学的潜在调节因素。尽管这些研究在一定程度上促进了我国英语听力教学的研究,但全面的回顾和总结相对较少。为了深入了解和洞察国内外英语听力教学研究的现状和发展趋势,本文对近十年国内外学术核心期刊刊载的相关论文进行研究和剖析,旨在为未来外语听力教学研究和商务英语听力教学提供建议和设想。

2 听力教学法的分类

通过分析诸多文献所载听力教学方法并基于自身实践经验,我们采纳了Xu等人(2021)对英语听力教学的分类,包括理解式教学、过程式教学、策略式教学和自我调节式教学。

2.1 理解式教学

理解式教学通常涉及学生倾听文本、解答问题，再由教师验证答案，这是一种典型的"听—做题—对答案"模式。尽管此类教学法能够纠正学生的错误，却未能剖析出错原因，其关注点在于结果，而非过程（Field，2019）。这种单一的教学模式无法激发学生的学习热情，甚至可能降低他们对英语学习的兴趣（俞秀红，2006）。然而，目前大部分英语教学课堂仍沿用此种传统听力教学模式（Siegel，2014）。由于学生在此种教学模式下始终处于被动地位，寻求新型听力教学模式逐渐成为听力教育者的关注焦点。

2.2 过程式教学

为了应对理解式教学的局限，基于过程的教学方法应运而生。这种方法遵循了技能分解的原则（Field，2008，第110页）。过程式听力教学通过多样化的活动、互动和学习实践，协助学生理解听力材料（Vandergrift & Goh，2012）。然而，由于听力过程的复杂性，难以准确评估学生在每一阶段的听力理解程度，学者们关于过程式教学方法的有效性尚未得出一致结论。据Xu等人（2021）的研究成果，过程式教学未能提升学生策略使用水平。然而，值得指出的是，基于过程的教学研究还相对较少，但根据已有文献，此教学模式至少能为学生提供支持（Siegel，2015）。

2.3 策略式教学

基于策略的教学与内部认知过程和听力策略的教学具有关联性，旨在帮助学生提高听力技能。尽管学术界目前尚未就听力策略的分类达成共识，但广泛认同O'Malley和Chamot提出的分类原则，即元认知策略、认知策略和社会情感策略。在此基础上，本文对这些策略在英语教学中的运用加以分析总结。

根据O'Malley & Chamot（1990）的理论，听力元认知策略可理解为：制定学习目标和计划、定期监控和评估听力进程、反思并改进听力学习。因此，元认知策略能引导学习者更为负责任地对待语言学习，分析学习需求，评估优势和不足，以主导学习过程。同时，元认知策略也能促使学习者进行批判性反思与评估，协助他们逐渐成长为具有明确目标和自主学习能力的学习者（肖武云、王晓萍、曹群英，2011）。Vandergrift & Tafaghodtari（2010）、Bozorgian & Alamdari（2018）提倡元认知听力策略教学，认为它是提升学生听力水平更为有效的策略。

认知策略是策略式教学的一个更广泛的概念，用于引导语言学习活动。其主要目的在于培养学生运用自上而下和自下而上的学习策略。Richards（2006）提出了三种听力过程模式："自下而上"模式、"自上而下"模式和"交互"模式。"自下而上"模式将语篇拆分成为独立且易于理解的元素，按"音素—词—短语—句子—语篇"的线性顺序处理语言信息。听者从基本的听力单位着手，通过一系列环节，构建对所听材料的理解。"自上而下"模式则强调听者依据先前经验对所听信息进行预测、推断、筛选、吸收或融合。听者借助各类信息资源（如自身语言知识与背景知识），允许数据间相互作用，从而构建出已知词汇或结构单元。"交互"模式则整合运用以上两种模式处理信息。如Vandergrift（2002）所述，听力理解并非简单的单向处理过程，而是一个互动解读过程。在这一过程中，听者需运用既有的知识如语言学知识去理解文段。听者更多依靠何种处理方式，取决于他们对语言的认知程度、对主题的熟悉程度，以及听力的目标。

O'Mallcy等人指出，社会情感策略主要包括人际互动和对情感的想象性控制。人际间的交流和协作主要体现在对他人学习经验的积极回应，以及在学习过程中的方法分享。在听力学习中，情感策略强调听者在听力过程中调节自身的焦虑情绪，调整心理状态，以获得最佳听力效果。

2.4 自我调节式教学

以自主调节为理念的教学鼓励在教师的引导下，让学生独立进行听力训练。自20世纪90年代起，国内外外语教育领域已开始重视培育、提升学生的自主学习意识与自主学习能力。《教育部中长期教育改革和发展规划纲要（2010—2020年）》倡导启发式、探究式、讨论式、参与式的教学，引导学生自主学习。《大学英语课程教学要求》（2007年版）更是明确提出，将培养学生英语自主学习能力、获取知识与独立思考能力作为终极教育目标。由此可见，培养和提高学生的听力自主学习能力尤为重要。

3　近十年国内外听力教学法有效性实证研究的典型成果

本文以"听力教学"为主题词，检索并解读2013至2023年间国内外主要外语类核心学术期刊上发表的相关论文。国外学者就听力教学进行了深入探索，分析研究的内容涵盖语境、音韵、词汇、句法以及学习策略等多个层面，教法、教材及测试等范畴也有所涉及。与此同时，国内学者则主要从传播学、认知心理学、心理语言学、语用学和跨文化交际学等角度切入，讨论听力教学以及相关测试。大部分国内研究表明，对学习者进行听力策略培训很有必要；但这些研究主要以学生视角或针对大学英语教学为主，对不同模式在听力教学中的实际效果未加以充分关注。总体来看，国外关于影响听力理解因素的论文偏向定量研究，而国内论文以定性研究居多，实证研究相对较少。

根据Plonsky（2019）、Taylor（2014）的研究，相较于阅读和其他技能，听力策略的教学尚存在不足（Siegel, 2015; Vandergrift, 2007）。Lynch（2009）认为，这一现象主要归因于听力的瞬时性，以及二语听力教学与评估方法的复杂性。然而，随着人们对听力策略教学认知的加深，近十年来此类研究的数量也在逐步攀升。Vanderplank（2013）对语言学习者策略与自主性的关系进行了综述，研究衡量了不同学习环境（如外语和第二语言）及干预方法（如策略指导方式及干预时间）下听力策略教学的效果。然而，综述分析表明研究者的发现存在不一致，难以证实或反驳听力策略的有效性。部分研究显示策略教学有助于提升外语学习者的听力理解能力（如Vandergrift & Tafaghodtari, 2010），佢亦有研究并未获得相同验证

（如Chen，2015）。

国外研究证实，诸多实证研究已针对二语听力教学进行深度探究。例如，Siegel（2014）在日本大学课堂观察到外语教师运用了各种策略式和理解式的教学方法。Vandergrift和Tafaghodtari（2010）进一步发现，引入元认知策略能提升学生的元认知意识及听力理解能力。Lau（2017）则发现，技能娴熟的外语听众更善于运用各类策略，并能更加频繁、有效地执行这些策略。Nix（2016）揭示了自上而下和自下而上策略间的交互影响，推荐二语听众采取综合策略而非独立使用任一策略，这与Richards（2006）倡导的"交互模式"相契合。Xu和Luo（2022）通过准实验研究，探讨了自我调节听力教学的有效性及其对英语听力动机策略使用的影响。研究中，实验组接受为期17周的自我调节听力教学干预，对照组则实施传统理解式听力教学。所有参与者在实验前后均完成了听力理解测试以及问卷调查。研究发现，自我调节听力教学对听力理解有显著影响，实验组的学生在外语听力理解能力测试中的表现优于对照组，且效果显著；同时，自我调节听力教学还增强了学生对外语听力理解的期望和重要性认识，进而促进自上而下听力策略的应用。

关于第二语言策略教学有效性在国外已开展过数次元分析。例如，Plonsky（2011）归纳了61篇有关外语策略教学研究的结果，其中10篇聚焦于听力策略教学。综合分析结果显示，策略教学对整体外语技能提升的平均效应量（d值）为0.49，而对听力理解的平均效应量为0.06。根据Plonsky和Oswald（2014）的效应量基准，小、中、大效应对应$d=0.40$，$d=0.70$和$d=1.00$，故接受听力策略教学的实验组的优势甚微。Ardasheva等人（2017）的综述涵盖了37篇策略教学对外语理解效果的研究结果，包括9篇听力策略教学研究。综合分析显示，策略教学对外语技能的提升有显著效果（d值为0.78），在听力理解方面（d值为0.68）也有较好的效果。他们的研究发现，这一较高的效应量部分源于其在元分析中纳入了最新的策略教学研究，这些研究强调学习者的自我调节学习，包括利用策略实现学习目标，以及持续调整策略以确保学习成效。然而，需要注意的是，Plonsky（2011）所归纳的10篇听力策略教学研究及Ardasheva等人（2017）所综述的9篇论文并不能呈现策略教学状况的全貌。鉴于此，Dalman和Plonsky（2022）整合了45篇相关定量研究成果，进一步探讨了听力策略教学效能及其方法。结果显示，听力策略教学的效果属中等水平（$d=0.69$）。此外，如前期策略教学元分析（如Plonsky，2011，2019；Dalman & Plonsky，2022）所示，不同学习情境、实验处理、研究设计及结果变量可能对听力策略教学效果产生不同影响，这些因素可能在调节听力策略教学效果方面发挥潜在作用。此外，教师作为研究主体或兼具元认知和认知策略，其效应量最高（$d=0.81$）。

先前三项元分析研究显示，听力策略教学对听力能力提升有积极影响。以Plonsky于2011年进行的研究为例，其效应量较小（$d=0.06$）；Ardasheva等人（2017）的研究则得出中等效应量（$d=0.68$）。近期，Dalman和Plonsky（2022）的研究再次证实了此观点，他们的成果显示听力策略教学的效用更为显著（$d=0.69$）。值得注意的是，Dalman和Plonsky（2022）认为这可能是因为元分析中纳入了关于策略的最新研究。近期研究表明，在策略教学实践中，设计和实施策略指导措施的改善趋势将对外语学习产生更为显著的效果。然而，早先，听力常被视作被动技能，语言从业者对将策略引入听力教学尚存疑虑（Vandergrift，2007；Vandergrift & Baker，2018）。再者，由于缺乏理论支撑，听力策略相关的研究亦面临额外挑战。然而，近年来，听力策略教学已逐步走向成熟，并得到了大量实证研究的支持以及多方面研究的有力佐证（Plonsky，2019）。

综观国内对英语听力教学的研究，我们发现将策略训练融入听力教学过程的实证研究并不多见。本文以中国知网数据库为例，在2013至2022年为时间限制的10年里，以"听力教学"为关键词进行检索，仅发现6篇来自CSSCI期刊或北大核心的听力教学法实证研究。如胡永近（2015）的研究探讨了三种听力过程模式（"自下而上""自上而下""交互"）对听力理解和记忆的影响。研究结果表明，策略教学对学生的听力理解和记忆力产生了积极影响，其中"交互"模式的效果最为显著。徐璐（2016）则运用问卷和访谈方法研究了注意策略式教学在大学英语听力教学中的有效性。此外，胡永近和张德禄（2013）探讨了多模态听力教学的作用。于琴妹等（2013）通过基于"策略引领—多元互动—立体化"特色的大学英语"研究性学习"教学模式，进行了听力教学的实证研究。研究发现，这种教学模式能有效提升学生听力学习策略的应用，推动听力自主学习，增强其英语综合学习能力。如此数量的研究论文表明，在高等教育领域，我国在大学英语教学研究方面的实证研究尚处于相对空白状态，需要引起国内学者的进一步关注。

4 对商务英语教学的启示

这项综述研究对英语听力教学提供了几个有价值的启示。

首先，在商务英语听力教学过程中，提升听力技巧和交际能力的前提是深入理解学生的学习环境、知识背景、认知能力以及学习动力。教授商务英语的教师应让学生明确认识到，学习听力应着眼于实际交流，而不仅仅是为了取得高分。

其次，在商务英语听力教学过程中，引导学生掌握听力技巧、激发学习热情及培养自主学习意识和能力至关重要。研究结果表明，听力课上，外语教师常采用诸多不同的教学方法。然而，教师需要反思这些方法的有效性。因此，教师在课堂上应将教学重点由仅侧重于理解和过程转向更为重视策略的听力教学，从而培养出在现实情境中有更广泛适用性的听力技能和策略（Lynch，2009）。

根据Zimmerman（2000）所述，我们应倡导学生成为自主调节的学习者，而教师则肩负引导学生自主调节的重任。在充分考虑课程要求、学生需求及课程目标后，教师可尝试在课堂中引入自主调节学习法。以真实交际任务为例，借助支持及反馈机制，帮助学生成为自我调节的学习者（Vandergrift & Goh，2012；Xu & Luo，2022）。由于外语听力教师可能更加了解自下而上的策略，而对其他策略较为陌生（Xu & Luo，2022），对此，提供具有针对性的师资教学策略培训尤为重要。我们建议为商务英语听力教师提供专业培训，以微调教学方式，尤其针对仍固守传统理解式教学模式的教师。Xu等人（2021）的研究发现，自我调节教学需与教师的支持性实践相结合，方能在英语听力课堂中实现效益最大化。因此，建议教师不仅要鼓励学生成为自我调节的听众,而且应提供工具指导他们成为自我调节的学习者。这些工具可包括学习计划,如提供各类听力任务及材料的待办事项清单,以激发学生的内驱力。同时,教师还应教授学生如何做好笔记,依据需求提供情感支持,以提升听力教学质量。

最后,过程式教学方法亟待深入研究、持续创新与完善。教师应当考虑如何改进此教学方法,以及发挥过程式教学理念在听力课堂中的优势。例如,外语听力教师应调整教学顺序,有序开展教学活动,确保过程式教学目标得以达成(Xu et al., 2021)。研究发现,真实的听力任务在教学实践中具有重要意义。例如,Qiu & Xu(2022)强调了任务型教学的重要性。任务型教学是一种以任务为主导的语言教学方法,旨在提供给学习者真实的交流环境,通过实施真实听力任务,将外语听力教学推向现实生活交流(Ellis, 2003)。研究还指出,任务型教学更适合亚洲语境(Li et al., 2016)。这是由于任务型教学模式在执行任务前,外语教师会明确教授目标语言形式,与以测试为导向的教学环境(如中国)存在良好适配。通过这些真实任务,教师可引导学生学习有效听力技巧,从而提升听力教学课堂效果。

5 结语

本文重点回顾了外语听力教学领域在过去10年来的发展进程。尽管在学界的努力下取得了丰硕的学术成果,但仍存在一些待解决的问题。总体而言,尽管我们在经验介绍和思辨总结的基础上取得了少数实证研究的进展,但仍然缺乏实验性质的定量考察,尤其是比照国外研究成果时仍有显著差距。此外,具体的课例研究比例较小,理论与实际教学案例间的联系略显薄弱,这不利于教师模仿、吸收和学习,因此需加强对课例、教材、教师语言及教学改进方面的研究力度。最后,需要理论与实践相结合,进行全面深入的多元化研究,以提升教学设计水平,进一步提高教学质量。

参考文献

胡永近, 2015. 听力过程模式对听力理解和记忆的影响分析——一项认知心理学视域下的实证研究 [J]. 外语界（1）：8.

胡永近, 张德禄, 2013. 英语专业听力教学中多模态功能的实验研究 [J]. 外语界（5）：7.

肖武云, 王晓萍, 曹群英, 2011. 培训元认知策略, 提高学习自主性和学习成绩——实证研究 [J]. 外语学刊（2）：109-113.

徐璐, 2016. 大学英语听力教学中注意策略有效性探究 [J]. 外语界（5）：8.

于琴妹, 鲁吉, 王毅, 等, 2013. "研究性学习"视听说教学模式下听力教学成效实证研究 [J]. 外语电化教学（6）：6.

俞秀红, 2006. 建构主义理论和大学英语多媒体教学模式探讨 [J]. 外语界（5）.

ARDASHEVA Y, WANG Z, ADESOPE O O, et al., 2017. Exploring effectiveness and moderators of language learning strategy instruction on second language and self-regulated learning outcomes [J]. Review of educational research, 87: 544-582.

BOZORGIAN H, ALAMDARI E F, 2018. Multimedia listening comprehension: metacognitive instruction or metacognitive instruction through dialogic interaction [J]. ReCALL, 30 (1): 131-152.

CHEN A, 2015. The impacts of listening strategy instruction on strategy use and listening performance of EFL learners [J]. International journal on studies in English language and literature, 3 (5): 75-87.

DALMAN M, PLONSKY L, 2022. The effectiveness of second-language listening strategy instruction: a meta-analysis [J]. Language teaching research, 13621688211072981.

ELLIS R, 2003. Task-based language learning and teaching [M]. Oxford: Oxford University Press.

FATHI J, HAMIDIZADEH R, 2019. The contribution of listening strategy instruction to improving second language listening comprehension: a case of Iranian EFL learners [J]. International journal of instruction, 12: 17-32.

FIELD J, 2008. Listening in the language classroom [M]. Cambridge: Cambridge University Press.

FIELD J, 2019. Second language listening: current ideas, current issues [M]// J. W. Schwieter and A. Benati (eds.) . Cambridge handbook of second language learning. Cambridge: Cambridge University Press, 283-319.

LAU K L, 2017. Strategy use, listening problems, and motivation of high- and low-proficiency Chinese listeners [J]. The journal of educational research, 110 (5): 503-514.

LI S, ELLIS R, ZHU Y, 2016. Task-based versus task-supported language instruction: an experimental study [J]. Annual review of applied linguistics, 36: 205-229.

LYNCH T, 2009. Teaching second language listening [M]. Oxford: Oxford University Press.

MAFTOON P, ALAMDARI E F, 2016. Exploring the effect of metacognitive strategy instruction on metacognitive awareness and listening performance through a process-based approach [J]. International journal of listening, 34 (1): 1-20.

NIX J M L, 2016. Measuring latent listening strategies: development and validation of the EFL listening strategy inventory [J]. System, 57: 79-97.

O'MALLEY J M, CHAMOT A U, 1990. Learning strategies in second language acquisition [M]. Cambridge: Cambridge University Press.

PLONSKY L, 2011. The effectiveness of second language strategy instruction: a meta-analysis [J]. Language learning, 61: 993-1038.

PLONSKY L, 2019. Recent research on language learning strategy instruction [C]//A. U. Chamot & V. Harris (Eds.). Learning strategy instruction in the language classroom: issues and implementation. Bristol: Multilingual Matters, 3-21.

PLONSKY L, OSWALD F L, 2014. How big is "big"? Interpreting effect sizes in L2 research [J]. Language learning, 64: 878-912.

QIU X, XU J, 2022. "Listening should be done communicatively": do task-supported language teaching and post-task self-reflection facilitate the development of L2 listening proficiency? [J]. System, 109, 102897.

RICHARDS K, 2006. Language and professional identity: aspects of collaborative interaction [M]. Berlin: Springer.

RICHARDS J C, RODGERS T S, 2001. Approaches and methods in language teaching [M]. 2nd ed. Cambridge: Cambridge University Press.

SIEGEL J, 2014. Exploring L2 listening instruction: examinations of practice [J]. ELTJ, 68: 22-30.

SIEGEL J, 2015. Exploring listening strategy instruction through action research. London: Palgrave MacMillan.

TAYLOR A M, 2014. L1 glossing and strategy training for improving L2 reading comprehension: a meta-analysis [J]. International journal of quantitative research in education, 2: 39-68

VANDERGRIFT L, 2007. Recent developments in second and foreign language listening comprehension research [J]. Language teaching, 40, 191-210.

VANDERGRIFT L, BAKER S C, 2018. Learner variables important for success in L2 listening comprehension in French immersion classrooms [J]. Canadian modern language review, 74 (1): 79-100.

VANDERGRIFT L, GOH C C, 2012. Teaching and learning second language listening: metacognition in action [M]. London: Routledge.

VANDERGRIFT L, 2002. "It was nice to see that our predictions were right": developing metacognition in L2 listening comprehension [J]. Canadian modern language review, 58 (4): 555-575.

VANDERGRIFT L, TAFAGHODTARI M, 2010. Teaching L2 learners how to listen does make a difference: an empirical study [J]. Language learning, 60 (2): 470-497.

VANDERPLANK R, 2013. Listening and understanding [C]//P. Driscoll, E. Macaro & A. Swarbrick (Eds.), Debates in modern languages education. London: Routledge, 53-65.

XU J, FAN J, LUO K, 2021. Exploring L2 listening instruction, self-efficacy, and strategy use: a mediation analysis [J]. Frontiers in psychology, 4738.

XU J, LUO K, 2022. Immersing learners in English listening classroom: does self-regulated learning instruction make a difference? [J]. Applied linguistics review.

ZIMMERMAN B J, 2000. Self-efficacy: an essential motive to learn [J]. Contemporary educational psychology, 25 (1): 82-91.

影响出国导向学生全英学术课堂听力可理解输入因素研究[1]

陈 曦[2]

摘要：学生在全英学术课堂的听力可理解输入是有效析出关键学术信息的基础，也为后期学术意义构建做准备。但真实全英课堂的听力场景复杂、信息输入难度较大、干扰因素较多，阻碍听力可理解输入，造成关键信息析出困难。出国导向学生有较强的语言和学术需求，迫切需要提高学术课堂的英语听力输入质量。本文基于出国导向学生的语言和学科储备，通过问卷星平台进行目标取样，数据分为定性和定量两类，定量数据采用里克特五等选项收集并进行SPSS分析。调研发现影响不同英语基础学生的学术课堂听力可理解输入的三要因素为学科话题背景、学科词汇以及课堂互动。根据实证结果提出以课前学科话题补充、重复关键词、构建多模态互动课堂来即时内化输入信息，增强学术听力可理解输入，提升学术英语听力的理解质量。

关键词：全英授课；可理解输入；学术听力；出国导向

---

[1] 本文为重庆市级教改项目"语言自主实践需求下的学术英语听力前摄性教学探索与实践——以四川外国语大学中澳合作办学项目为例"（项目编号：213220）、中国国际交流协会2022年度中外合作办学研究专项课题"中外合作办学全英在线教学质量保证路径探究——以四川外国语大学中澳合作办学为例"（项目编号：际协研2022—020）、四川外国语大学校级教改项目"可理解输入理论视域下全英课堂听力影响因素探究——以中澳合作办学商务管理专业为例"（项目编号：JY238026）的阶段性成果。
[2] 陈曦，博士，四川外国语大学讲师，商务英语学院商务课程研室主任，主要研究方向为二语习得，主要从事全英商科教学。

A Study on Factors Affecting Listening Comprehensible Input in Academic Classes for Overseas-study-oriented Students

CHEN Xi

Abstract: Listening comprehensible input in academic classes is the foundation for students to effectively identify key academic information, and paves the way for higher-level cognition activities as well as academic construction later. However, real academic classes using English as a medium of instruction has a complex listening environment, difficult information input process, and various disruptions, impeding the formation of comprehensible input from students' academic listening and further hindering the capture of key terms. Overseas-study-oriented students have imminent needs for language and academics acquisitions, as well as enhancement of in-class academic listening input. Based on students' language and academics knowledge reserves, this paper researches factors that affect students' listening comprehensible input in academic classes through a qualitative and quantitative questionnaire analysis, and the quantitative part is analyzed through SPSS software. Three listening-comprehensible-input impacting factors are summarized from the research: academic background information, relevant academic vocabulary, and in-class interaction. Based on the findings, teaching design focuses, such as academic topic preparation, key academic terms repetition, and multi-modal interactive class construction, are proposed to internalize input information, strengthen listening comprehensible input and improve academic listening quality.

Key words: English as a medium of instruction; comprehensible input; academic listening; overseas-study orientation

1 引言

2022年，教育部、财政部和国家发改委联合印发《关于深入推进世界一流大学和一流学科建设的若干意见》，各大高校根据文件精神积极开展"双一流"学科建设，推进"多学科交叉融合"的实施。不同学科积极搭建全英教学课程，培养学生成为具有文化自信和国际视野的技术型、创新型、应用型、数字型人才。高校学生的文化自信是在坚持中国特有文化的基础上，掌握学科文化的交际能力，用变通的话语方式，融入国际学科文化，保持专业领域的国际竞争力（蔡基刚，2022）。高校国际合作项目的专业课全英授课积极响应了国家"双一流"号召，夯实教师的国际化教学科研能力，促进学生多学科认知交流水平。

但国际项目学科课程的全英授课对学生学术听力能力的要求高，若学生通过听力获得的可理解输入（comprehensible input）质量欠佳，对内容的消化吸收不到位，会导致关键信息的析出受阻。此外，标准化考试要求与真实全英授课语言要求的脱节，也造成学生主干听力信息捕捉的欠缺和整体理解能力不足。学术听力内容可理解输入的缺乏，会导致学生如记笔记、查文献、学术写作和学术讨论等能力的不足，不能有效形成"输入—内化—输出"的闭合结构，以致学生在学术课堂上不能通过对教材内容的即时解构、重塑来自主构建学术观点，影响辩证思考能力的形成,最终很难自信地进行学术研讨,并解决学术问题。因此,本文试图找出全英学科授课环境下影响出国导向学生学术内容听力可理解输入的因素,围绕关键学术信息的获得,提出课堂设计的建议。

2 全英教学背景及现状

2.1 全英学科授课

全英授课是以英语为语言媒介(English-medium instruction)的授课方式,也是基于内容的授课方式(content-based instruction)。即在教学过程中,不以教授英语语法、词汇和句子结构为重点,而以学科内容的学习为目标驱动,语言是一种附带习得(incidental acquisition),在习得知识的过程中被潜意识获得(subconsciously acquired)。学生在了解学科词汇的基础上,理解并应用学科知识内容,完成特定领域内的英语表达。这样的课程模式更能让学生熟悉学科和专业公认的学术规范和话语方式,掌握相应学科文化(disciplinary culture)。很多欧洲国家以及中国香港地区的高校都开设了专门用途英语课程(English for Special Purposes),为全英授课做好语言铺垫(蔡基刚,2022)。但是全英学科教学有别于专门用途英语教学:前者重点在学科知识的讲授,语言作为媒介;后者重点在分析语言结构、修辞手段和话语的构建和表达,学科内容作为媒介。学科课程的全英授课让学科内容和语言知识在课堂进行融合交叉,学生对学科内容的习得建立在对英语语言的全面掌握基础上,而对语言知识的潜意识习得可进一步促进学科内容的构建。内容语言融合的教育可以提升学生的学科知识、认知能力和语言技能(Mohan,1986)。

2.2 全英学科课堂习得困境

由于听力录音与真实场景有构建区别,即便学生能顺利通过标准化英语考试,其语言储备和语言技能与学术课堂要求仍然存在一定程度脱节,学生需要时间适应真实的全英学术课堂环境。国际项目的全英学科授课，与国外留学的授课模式和环境类似，但学生互相交流用语和逻辑思考倾向皆为中文，有别于英语的逻辑结构。且教师考虑到对象学生的英语水平和上课效果，会根据具体情况调整语速并简化用语。因此，相较英语母语国家的学术课堂，国内全英授课的听力摄入难度偏低，但这仍对学生的语言水平提出了很大的挑战。我国很多高校大学生的英语水平并不足以支撑全英授课的学术英语听力输入，很多大学生英语水平甚至达不到学习国际慕课的语言要求（马武林、胡加圣，2014）。而线下全英授课由于有实时互动、笔记记录、即时输出等特点，其课堂关键信息捕捉和摄入难度高于国际慕课。

3 理论框架构建

3.1 可理解输入下的语言和学科知识储备

知识储备指学生在学习章节内容前掌握的相关背景知识，学生在学习过程中，基于自身已有的背景知识积累、学习兴趣、学习需求进行相关储备知识的获得。全英学科教学本身有极强的基于学术内容的语言运用，因此学生需要依托语言和学科知识储备，有效理解"听到"的学科内容，再将听力的可理解输入进行二次内容消化构建，析出关键信息。但全英授课由于其语境、语篇以及任务的真实性和复杂性，学术内容在通过听力模态传达出来时，可理解度被降低。

全英学科授课是在一个新的语言结构上进行内容讲授。在新的语言构架上进行思维必须保持一定量的可理解输入，因此学习者需要长时间对感兴趣的内容进行广泛的阅读和足量的听力训练（Kasper，2000）。研究表明（Krashen，1989），可理解输入可以迁就一定的理解模糊性（vagueness），最终达成对语篇的整体理解。但若前期阅读输入和课堂视觉模态的输入不足，仅靠听力推断出陌生学术单词大意的难度较大，而术语的意义模糊会直接影响学生从课堂听力中析出相关信息并把握语篇意义，阻碍对学术概念和应用场景的解读。同一章节的相关术语有一定相似性和混淆度，教师在课堂上的任务之一是帮助学生进行区分。学生要听到构成有意句子的词汇，了解其相关场景下的准确意义，才能完成听力层面的可理解输入，最终在学术内容可理解的基础上完成英语的附带习得。因此，要理解全英学术课堂的内容，学生首先要完成一定的语言和学科知识的储备。

3.2 语言及学科需求

出国接受本科教育的学生，其英语学习有很强的针对性和应用性，即在较短时间内熟悉学术词汇、听懂课堂授课、进行学术表达。因此，全英学科教学应根据学生学习需求的动态改变，进行教学方式和课堂模式的调整改进。

需求分析是通过获知学习者所必须、所需求、所缺乏来研发出更适用的内容，最大限度利用课堂环境，通过识别有效的课程目标，促进学生在真实环境中的学习（Fatihi，2003）。课堂教学设计应基于学习者需求而不仅仅是语言框架，并且效果与"门槛"水平相关。英语听力是一个主动接收的过程，不仅需要用到语言和非语言（常识、情景、学科）相关知识（杨静，2012），更需要听者基于储备知识对听力信息进行能动的认知理解（张建强、杨坤燕，2019）。学习者与教学环境并不是一种被动接受和单向输入的关系，而应形成一种动态适应。只有提供与学习者能力相匹配并能有效被感知解读的信息输入，教学环境才能被称为良性的和有效的。

Brindley（1989）提出，教学项目须有效响应学习者的需求，并围绕此需求紧密展开。国际合作项目学生的需求非常明确：有效吸收讲座语速下的学科内容，即时内化输入信息，顺畅进行学术互动。马之成和马武林（2019）指出，应用型英语教学环境的构建应达到以需求为导向的"三维"学习环境：语言输出需求、语言自主实践需求和语言项目创新需求。陈冰冰（2010）提出，学习者个人需求的四个维度，即学习能力差距、学习者个人愿望、学习过程需求以及学习环境需求，都对学习效果有影响。

3.3 全英教学环境构建

全英学科授课时，教师会对术语进行英文或中文释义，目的在于通过上下文语境，让学生通过学科内容的了解附带进行二语学习。鉴于学科课程语言的专业性和术语难度，全英学科教学应用起步较晚。但国际合作项目学生一出国即会进入全英学习环境，因此国内全英学术课堂的教学模式设计具有过渡和衔接的重要性。

全英教学环境的构建是帮助学生从录音听力训练过渡到真实讲授环境的关键。学术听力录音教材用语更清晰明了、更正式，语言更有组织性（Campbell & Smith，2012），而真实的全英学术授课环境包含有更多的不完整从句结构和微观层面的语篇标记，场景更"混乱"，做完整笔记难度更高（Flowerdew & Miller，1997）。Flowerdew & Miller（1996）指出，讲授的目的，讲授者的角色、风格以及幽默等因素都直接影响二语讲授的可理解性。Kasper（2000）也认为，教师授课话语为学生提供可理解输入补充。因此，英语学习环境的设计必须要反映学习者的学习目标和学习效能，才能促进摄入信息的有效转化（周莹，2017）。

目前，针对不同学科的全英授课研究在逐步增加，但缺乏将出国导向学生全英学术课堂可理解输入作为重点对象的研究。因此，本文以2+2国际合作办学项目和AP（advance placement）项目学生为研究对象，针对其学科内容和语言双重习得的需求，通过问卷调查和课堂观察探索影响其学术英语听力可理解输入的因素，找到学生析出关键信息的触发点，并通过教学设计改进让学生的学科知识储备和语言储备进行联动反馈。同时，根据学生基础、需求和兴趣对课堂构建和教学方式提出建议，找出能有效契合学术应用需求的学习目标和学习效能的听力教学元素，填补出国导向学生全英学术课堂这一块研究的空白。

基于以上分析，本研究的理论框架构建如图1：

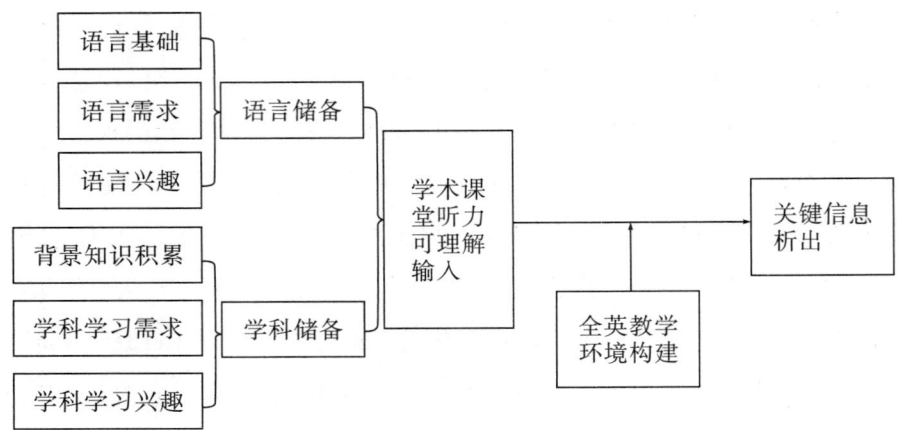

图1　本研究的理论框架

4　研究设计

本文以学术课堂英语听力的前摄性教学为出发点，采用课堂观察、调查问卷的方式，通过对相关因素的分析，试图提出增强学生可理解输入的全英教学设计，帮助学生在课堂即时析出关键信息，提高学生在学术课堂的整体听力摄入质量。

本研究选取重庆某高校中外合作办学项目大一、大三学生以及重庆某国际高中高二AP班学生为调研对象，样本总人数为147，其中大学生135人，高中生12人。两个国际合作项目均成功运行超过十年，学生皆通过英语水平测试的筛选，并且正在接受多种学科课程（如经济学、统计学、会计学、数学、美国历史等）的全英授课。调研对象英语基础大都中等偏上（高考成绩>120或托福 >90），掌握一定程度标准化考试词汇，有较强的学术需求，且接受了至少一学期的全英文或中英双语的专业课，授课教师包括中方教师和外籍教师。因此该研究对于全英学术课堂的可以理解输入因素具有典型意义。

4.1　研究问题

为了弄清影响中上英语基础、有学术应用需求学生的全英学术课堂听力可理解因素，提高听力信息可理解度，增强关键信息获取能力，本研究拟探索以下问题：

（1）学生的语言和学科的基础、需求和兴趣会怎样影响学生在课堂的听力可理解输入？

（2）怎样的全英教学环境构建会改善听力可理解输入？

4.2 研究方法

本研究主要通过问卷进行调查，以目标抽样方式通过问卷星平台对调查对象发放问卷进行数据抽取，并采用里克特五等选项进行量化（5＝非常大，1＝非常小），综合定性和定量数据对调研进行分析。根据研究的理论框架，调查问卷问题主要从以下几方面进行自编设计：

● 学生基本信息（如性别，年龄，高考、雅思、托福等标准化英语考试成绩），用以判断学生的英语语言基础；

● 学生英语语言储备来源（英语类节目、英语电影电视剧、英语脱口秀、英语新闻及有声书、参加英语角及话剧等输出实践），用以判断学生的自主语言储备性质（偏娱乐性质还是偏学术性质）以及学生词汇性质对全英学术课堂的影响程度；

● 学生英语和学科知识储备（如自身词汇量、话题背景知识）以及教师的课堂构建（如教师语音语调、语速、课堂互动程度、课件设计、关键词重复、课前资料补充等）对学生学术课堂可理解程度的影响，用以判断影响调研对象全英学术课堂听力可理解输入的因素。

对所获的定量数据进行SPSS分析，并对得出结果进行讨论和总结。

5 研究结果及分析

问卷调查主要从三大方面探讨影响学生全英学术课堂听力可理解输入的因素：（1）学生的语言和学科基础；（2）学生课外英语自主学习兴趣和学科需求倾向；（3）教师的课堂构建与教授方式影响。

从表1可以看出，九项定量数据的效度KMO值为0.770，说明信息效度较好，比较适合提取信息。效度分析的 Barlett 检验对应 p 值小于0.05，因此数据通过了 Barlett 检验。

表1　问卷数据效度分析

效度分析结果			
名称	因子载荷系数		共同度（公因子方差）
	因子1	因子2	
老师对关键词的重复程度对英文教授的专业课课堂理解的影响程度	0.656	0.428	0.614
老师课前资料补充的程度对英文教授的专业课课堂理解的影响程度	0.554	0.314	0.406
老师多媒体软件的使用对英文教授的专业课课堂理解的影响程度	0.835	−0.072	0.702
老师的课件对英文教授的专业课课堂理解的影响程度	0.837	0.005	0.701
老师语音语调对英文教授的专业课课堂理解的影响程度	0.235	0.613	0.431
老师互动程度对英文教授的专业课课堂理解的影响程度	0.722	0.210	0.565
老师语速对英文教授的专业课课堂理解的影响程度	0.480	0.492	0.473
话题背景知识对英语教授的专业课课堂理解的影响程度	0.048	0.768	0.593
自身词汇量对英文教授的专业课课堂理解的影响程度	0.012	0.835	0.697
KMO值	0.770		−
巴特球形值	449.847		−

续表

效度分析结果			
名称	因子载荷系数		共同度 （公因子方差）
	因子1	因子2	
df	36		—
*p*值	0.000		—

从表2看出，九项定量数据的Cronbach α 系数值为0.808，大于0.8，说明研究数据信度质量高。针对"项已删除的 α 系数"，在任意项被删除后，信度系数并不会有明显的上升，因此说明没有题项应该被删除处理。因此，此次问卷数据的信效度均较高，该数据可以用于结果分析。

表2 问卷数据信度分析

Cronbach信度分析			
名称	校正项总计相关性（CITC）	项已删除的α系数	Cronbach α系数
老师对关键词的重复程度对英文教授的专业课课堂理解的影响程度	0.669	0.771	0.808
老师课前资料补充的程度对英文教授的专业课课堂理解的影响程度	0.495	0.790	
老师多媒体软件的使用对英文教授的专业课课堂理解的影响程度	0.491	0.791	
老师的课件对英文教授的专业课课堂理解的影响程度	0.550	0.783	
老师互动程度对英文教授的专业课课堂理解的影响程度	0.572	0.780	
老师语速对英文教授的专业课课堂理解的影响程度	0.564	0.781	

续表

名称	Cronbach信度分析		
	校正项总计相关性（CITC）	项已删除的α系数	Cronbachα系数
老师语音语调对英文教授的专业课课堂理解的影响程度	0.434	0.799	0.808
话题背景知识对英语教授的专业课课堂理解的影响程度	0.384	0.803	
自身词汇量对英文教授的专业课课堂理解的影响程度	0.389	0.803	

标准化Cronbach α系数：0.810

5.1 英语基础和学科基础的影响

大量的词汇基础是掌握一门语言的要素（Krashen，1989），而对话题背景知识的了解代表学生的学科知识基础。从图2、图3可以看出，超过64%的学生认为词汇量对全英学术听力理解影响比较大或非常大，而69%以上的学生认为话题背景知识对授课内容理解的影响比较大或非常大。

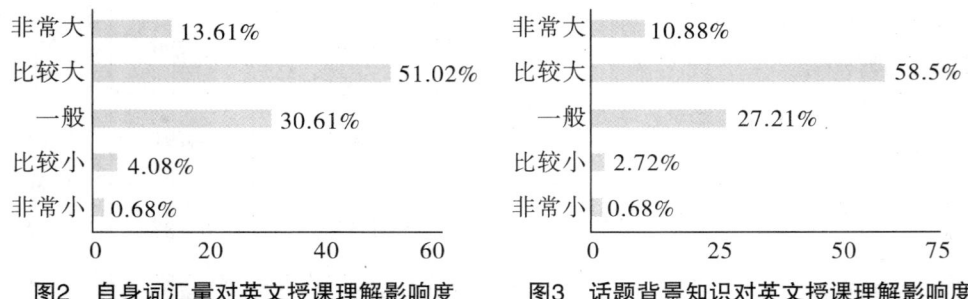

图2 自身词汇量对英文授课理解影响度　　图3 话题背景知识对英文授课理解影响度

结合表3的结果，可以看出这两个因素对不同英语基础的学生都有明显影响（影响值均超过3）。其中，对分数偏低（<120）的学生影响最大（3.89），对较高分数段的学生（>120）的影响均值在3.73～3.77之间。

表3 语言和学科基础对学生听力可理解输入的影响

	<120（n=9）	120~130（n=41）	>130（n=84）	无（n=13）	F
自身词汇量	3.89±0.78	3.73±0.71	3.75±0.82	3.46±0.66	0.664
话题背景知识	3.89±1.05	3.73±0.59	3.77±0.73	3.69±0.63	0.169

5.2 语言和学科兴趣的影响

一般来说，学生课外在语言和学科上所耗时间越长，兴趣越大。从图4可以看出，5.44%的学生每天课外自主学习英语的时间超过3小时，而保持1到3小时学习时间的学生也多达48%。

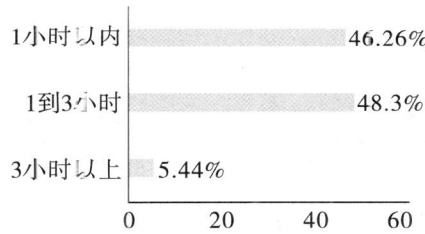

图4 学生课外自主英语学习时间

而从图5来看，学生更倾向于观看英语类电视剧，因此课余获得的词汇多为日常生活词汇，偏娱乐生活性质。而学生课后自主接触学术类词汇倾向性更高的脱口秀、新闻以及有声书的频率偏低（分别为2.51和2.08）。

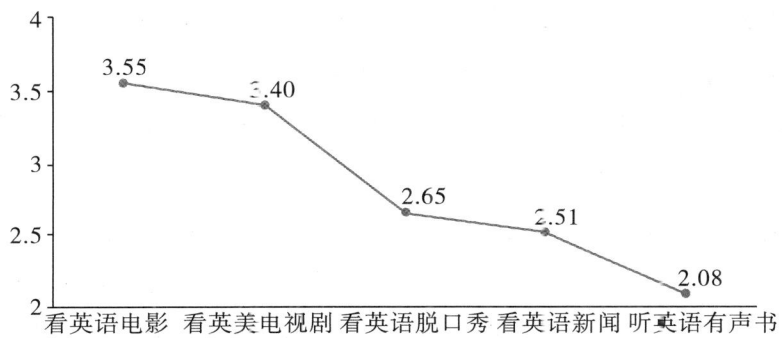

图5 课外自主分类学习影响均值对比图

5.3 教师的课堂构建与教授方式影响

学生在全英学术课堂的听力可理解输入建立在语言和学科的双重储备之上，课堂设计需能加强学生已获得的可理解输入，帮助学生析出信息。本问卷主要从七个方面体现教师的课堂构建与教授方式对学生听力可理解输入的影响，具体因素及其影响度均值分析见表4。

表4　课堂设计因素对学生听力可理解输入的影响

	<120（$n=9$）	120~130（$n=41$）	>130（$n=84$）	无（$n=13$）	F
老师课前资料补充的程度	3.33±1.12	3.68±0.72	3.70±0.76	3.69±1.11	0.573
老师对关键词的重复程度	3.89±0.78	4.07±0.61	3.94±0.73	3.85±0.80	0.507
老师语音语调	3.56±0.73	3.32±0.85	3.55±0.90	3.38±0.96	0.698
老师语速	3.78±0.44	3.66±0.79	3.70±0.82	3.23±1.01	1.342
老师互动程度	3.44±0.53	3.41±0.87	3.55±0.86	3.23±1.09	0.611
老师的课件	3.22±0.97	3.56±0.81	3.65±0.75	3.23±1.01	1.634
老师多媒体软件的使用	3.11±1.17	3.32±0.85	3.30±0.82	2.85±0.90	1.211

综合表3、表4，对英语基础较弱的大学生（<120），关键词重复程度、话题背景知识补充和自身词汇量的影响程度最大（均值为3.89），而课件完善程度和多媒体软件的使用对学生的影响程度较低（均值分别为3.22和3.11）。证明关键词重复可以直观地帮助基础弱的学生加深对生词的印象和理解，而学科倾向的词汇量基础也有助于学生提高听力可理解程度。

对于基础中等的大学生（120~130），关键词重复的均值高达4.07。话题背景知识、课前资料补充和语速影响程度相当（均值分别为3.73，3.68和3.66）。说明对该群体而言，提前预习相关知识和关键词对课堂听力理解影响也较大。与基础较弱学生类似，该基础段学生对专业课多媒体运用和课件的依赖也是最低（均值均为3.32），但多媒体软件的影响程度在提高。

对基础较好的大学生（>130），影响居前三的因素分别为关键词重复程度（3.94）、话题背景知识补充（3.77）以及自身词汇量（3.75）。相较而言，基础较好学生对课堂互动（3.55）和语音语调（3.55）的需求有了提高。

对AP高中项目的学生（无高考成绩段）而言，居前列的分别为关键词重复（3.85）、课前资料补充（3.69）和话题背景知识（3.69）。值得注意的是，该取样学生对教师多媒体软件的使用需求显著下降（2.85）。

6 讨论

从本次研究总结得知，全英学术课堂听力可理解输入的主要影响因素为学科话题背景，学科词汇以及课堂互动。该结果与Krashen（1989）提出的大量词汇是掌握一门语言的要素，Flowerdew & Miller（1996）提出的讲授者的课堂风格影响二语授课的可理解程度，Kasper（2000）提出的授课者的话语为学生可理解输入提供补充，以及学习者需要长时间对感兴趣的内容进行广泛足量的阅读和听力训练以保持新语言上的可理解输入相吻合。

从数据来看，不同基础段的国际项目学生在全英学术课堂的语言和学科需求上大体呈现出一致性。调研对象英语基础大都中等偏上，对英语有较强的兴趣（体现在课外接触英语时间上），但课后自主接触的英语词汇和储备知识多为娱乐生活性质，学科类词汇和知识较少，对学科类知识的课外接触途径较为陌生。因此，教师需在课堂发挥系统的支撑辅助作用，让学生从学科词汇、学科知识背景到课堂知识内化，一步一步加强课堂吸收的学科知识的可理解程度。

因此，本次研究的意义在于，在前人研究基础上，总结出影响出国导向学生全英学术课堂听力可理解输入的三要素，并通过教师授课设计和课堂引导对三要素进行渐进加强串联。根据调研得出的关键因素，可以在教学设计中通过加强课前学科话题补充、提高专业词汇重复频率以及构建多模态互动课堂这几个方面，来即时加强和转化听力输入信息，让学生在课堂的听力可理解程度提高，以便进行后续的学术意义构建。具体模型展开如图6：

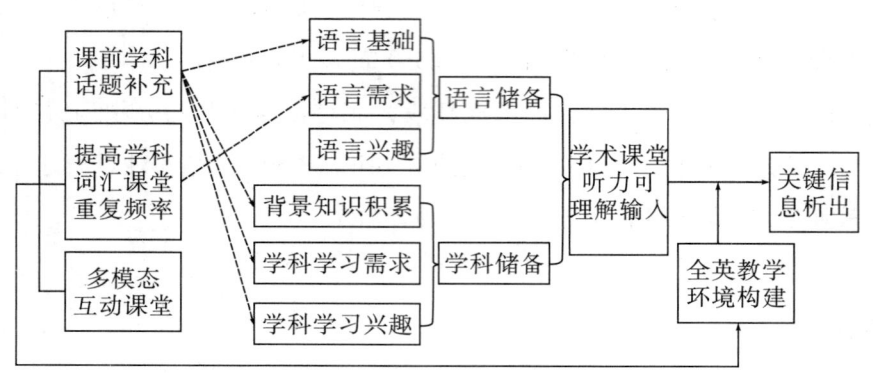

图6　后续学术研究参考模型

6.1　课前学科话题补充

学生在课堂听到不熟悉且专业性强的术语时，很难根据上下文推断出词意，继而对带术语的句子和语篇整体意义理解模糊。而课堂上对术语进行即时查阅会影响学生有效听到后续内容，形成听力可理解输入上的断层。并且，鉴于调研对象对课外获取学科知识的有效途径不熟悉，为增强学生的学科背景知识积累，教师应前瞻性地进行相关学科话题资料和学科知识获取途径的补充，激励学生课前对话题自主进行调研，增强学生的课堂词汇熟悉度，积累相关学科背景知识。教师根据学生基础和章节内容，预先提供多维度、多层次的学习资源（如章节重难点知识点的阅读材料和视频讲解）。补充资料应能引起学生的兴趣、保证学科相关性、达到难度递进，能激发并保持学生学科学习兴趣。

观察表明，学生对视频类信息的接受度较好。英语脱口秀栏目有一定的社会性、学术性和热点性，获得度（accessibility）较高，词汇覆盖面较广。脱口秀诙谐幽默的特点能够引起学生兴趣，促使其对话题进行自主调研，从而加深对话题的理解，缩短学术词汇的听力输入反应时间。而视频网站如YouTube、Khan Academy上有大量的学术知识讲解短视频，讲解准确简练，学生可根据自身理解难点进行有针对性的搜索学习。因此，为了兼顾学科需求和兴趣，教师视频选择可以考虑主要从这两类着手。

6.2 提高学科词汇重复频率

学科关键词在全英课堂的高频出现可被视为关键信息的提示信号，帮助学生找到理解切入点，建立语言兴趣和信心。教师在进行全英文授课时，表达会被口头连词和停顿词打断，从句式上增加了理解的难度、分散了关键知识点，而学科专有名词的频繁出现让词汇量小的学生更不能通过"听"来有效理解课堂内容。教师对关键词的重复可以培养学生猜测词义的能力，消减因对内容不熟悉而产生的"听力理解阻断"现象（杨静，2012）。

因此，为了提高专业课的听力可理解输入，讲授者可通过重复去除学术专有名词带来的陌生感和威胁性，让学生从心理上快速接受新词汇，并消减对新词汇的遗忘速度。

6.3 构建多模态互动课堂

教师可通过多媒体平台和教学软件，构建听觉和视觉相结合的多模态课堂，提升资源的可获得性、趣味度和可理解度，打破时间和空间的限制，满足学生的学科需求，激发学生的学科学习兴趣。听力模态的构建重点在通过有效的语言框架搭建和语料摄入，帮助学生迅速高效掌握语料的基本信息和走向。同时，通过图片与视频材料的使用，为听力模态补充场景，促进理解联动，有助于学生对关键词和信息的加深记忆理解。教师可根据课堂具体情况使用视频，达成听觉和视觉的协同加强，通过对神经元的多元刺激，缩短视觉听觉同步输入时的转换时间。

加强课堂师生互动，即时转化可理解输入，析出关键信息。教师可在全英授课过程中加强互动，如：布置小节思考题，随机抽取学生回答；设计课堂小组作业，给予作业反馈；增加使用检测标志词（checking device）如"Okay？""Yeah？""You know？"等的频次，确保学生跟上教师思维和进度等，也能让教师在互动中得知学生的理解难点,并有针对性进行答疑。教师可通过教学过程中相关问题的设计,帮助学生理解有难度的学科内容,检验其是否有效析出了关键听力信息。对学生的课堂回答给予肯定与鼓励,用合适的方法指出其理解误区,避免其产生学习动机衰退。同时,随堂小组讨论也能使学生在集体输出中得到同伴互动性反馈,补充自身"听"到的信息。

7 结语

在学术交流传播国际化的大环境下,国际项目学生应注重自己学术能力的培养,通过话语和逻辑的变通,融入国际学科交流文化,掌握国际学术交流规范,增强国际学术竞争力和学术自信。因此,国际项目学生应在全英学术课堂增强听力可理解输入,兼顾学科知识和语言能力的双重习得。而教师应通过课堂教学设计的强调,从各个层面促进学生的语言及学科储备,改善学生的学术课堂听力可理解输入,帮助学生析出关键信息。

本次调研数据表明,学科背景知识、学科词汇量以及课堂互动环境皆会对学生在全英课堂的听力可理解输入造成影响。因此,教师在全英教学设计中,通过课前有针对地补充学科话题和知识获取途径、提高学科词汇的课堂重复频率以及构建多模态互动课堂来降低听力信息输入阻碍,帮助学生进行学科和语言知识的储备。在教学设计引导下,学生的学科和语言储备可以通过联动反馈,促进学术课堂听力可理解输入,为后期进行高层次学科知识认知和学术知识体系构建打下基础。

受客观条件限制,本次研究样本数量较小,且以商科学生为主,没有调研更多专业的全英授课课程,因此研究结果适用范围有一定的限制。在后续研究中,应考虑覆盖更多专业的学生,并对教学设计元素进一步细化,加入教师在全英授课过程中的脚手架作用分析,且加入半开放式访谈等调研手段丰富数实证据的有效性。

参考文献

蔡基刚，2022. 大学英语是通识教育还是专业教育？再论大学英语教学的专门用途英语定位 [J]. 当代外语研究（3）：84-91.

陈冰冰，2010. 大学英语需求分析模型的理论构建 [J]. 外语学刊（2）：120-123.

郭艳玲，王琳，2012. 中外合作办学模式下学生英语学术讲座听力能力研究 [J]. 教学实践（6）：45-51.

刘静，2007. 国外学术讲座话语分析综述 [J]. 中国海洋大学学报（1）：78-83.

马武林，胡加圣，2014. 国际MOOCs对我国大学英语课程的冲击与重构 [J]. 外语电化教学（3）：48-54.

马之成，马武林，2019. 需求分析视阈下的地方应用型高校大学英语学习环境建构 [J]. 外国语文（6）：142-149.

杨静，2012. 英语听力教学策略的探索与实践 [J]. 兰州教育学院学报（1）：78-79.

张建强，杨坤燕，2019. 中外合作办学项目雅思听力教学效果提升研究——以中奥项目为例 [J]. 教育教学论坛（5）：1-4.

周莹，2017. "生态给养"视域下大学英语学习环境设计研究 [J]. 外语教学（6）：70-73.

BRINDLEY G, 1989. The role of needs analysis in adult ESL programme design [M]// R. Johnson (Ed.). Cambridge: Cambridge University Press.

CAMPBELL C, SMITH J, 2012. English for academic study: listening course book [M]. Reading: Garnet Publishing Ltd.

FATIHI A R, 2003. The role of needs analysis in ESL program design [J]. South Asian language review, 13 (1): 39-59.

FLOWERDEW J, MILLER L, 1996. Lectures in a second language: notes towards a cultural grammar [J]. English for specific purposes, 5 (2): 121-140.

FLOWERDEW J, MILLER L, 1997. The teaching of academic listening comprehension and the question of authenticity [J]. English for specific purposes, 16 (1): 27-46.

KASPER F, 2000. Content-based college ESL instruction [M]. Mahwah: Lawrence Erlbaum Associates.

KRASHEN S, 1989. We acquire vocabulary and spelling by reading: additional evidence for the input hypothesis [J]. The modern language journal, 73 (4): 440-463.

MOHAN B, 1986. Content area language instruction: approaches and strategies [M]. Reading: Addison-Wesley.

生态翻译学视域下的公共卫生公示语翻译探究[1]

袁 奇[2]　陈文润[3]

摘要： 翻译得体的公共卫生公示语不仅可以为外国友人提供清晰的指引和提示，还可以体现城市甚至是国家的形象。然而笔者经实地考察发现，武汉市公共卫生公示语翻译不正确、不规范的情况颇多，丧失了公共卫生公示语应有的功能，也给城市外宣带来了负面影响。本文以在武汉市收集的公共卫生公示语为研究对象，以生态翻译理论为指导，从语言维、文化维及交际维三方面分析武汉市公共卫生公示语翻译中存在的问题及其产生原因，并提出相应的翻译策略，以期为我国公共卫生公示语翻译提供借鉴。

关键词： 生态翻译学；公共卫生公示语；翻译问题；翻译策略

1　本文是教育部产学合作协同育人项目"基于英汉双语平行语料库的'商务英语翻译'课程建设"（项目编号：202002194002）的成果，获2023年度中南财经政法大学中央高校基本科研业务费专项中研究生科研创新平台项目资金资助。
2　袁奇，中南财经政法大学外国语学院副院长，博士，副教授，研究方向为商务英语、商务翻译。
3　陈文润，中南财经政法大学外国语学院硕士，研究方向为商务英语、商务翻译。

A Study on the Translation of Public Health Signs from the Perspective of Eco-translatology

YUAN Qi   CHEN Wenrun

Abstract: In addition to giving foreigners clear instructions, proper public health signs also represent the image of the city and even the country. However, the author discovers through on-site research that many public health signs in Wuhan are inaccurately translated, losing their intended meaning and having a detrimental effect on city image publicity. Guided by Eco-translatolog, this paper explores the causes for translation errors of public health signs gathered in Wuhan from linguistic, cultural and communicative aspects, and proposes corresponding translation strategies in order to serve as a reference for translating public health signs.

Key words: eco-translatology; public health sign; translation error; translation strategy

1 引言

公示语指公开面对公众的公告、指示、告示、显示、警示、标示与其生活、生产、生命、生活息息相关的文字及图片信息（戴宗显等，2005）。美国医学研究所（Institute of Medicine，IOM）将"公共卫生"定义为：一个社会或集体为确保人们健康状态所做的事情（刘淑婧，2023）。目前，学界未对公共卫生公示语一词进行统一定义，但根据公示语及公共卫生的基本定义可以得知，公共卫生公示语是为确保人们健康状态，公开面对公众的相关文字及图片信息。

随着我国越来越多城市国际化进程的不断推进，公共卫生公示语翻译在城市建设中的重大作用日益凸显。近年来，虽然武汉市的公示语翻译质量已显著提升，但经实地考察，武汉市公共卫生公示语仍存在翻译不当的现象。为此，笔者以生态翻译学理论为指导，以实例分析武汉市公共卫生公示语的翻译问题，并提出相应的翻译策略。

2 文献综述

一直以来，学者都极为关注公示语这一话题，对此进行了广泛的研究，其研究对象多为公示语功能、公示语翻译特点、公示语翻译问题及公示语翻译策略等（杨霞，2019）；研究范围极为广泛，包括景点、校园、商场、交通场所以及医疗机构等不同领域的公示语；采用的理论主要有目的论、顺应论、模因论、关联理论、认知理论、翻译美学、传播学理论、互文性理论、语用失误理论、功能翻译理论、文本类型理论、交际翻译理论、生态翻译学理论、跨文化交际理论等（叶慧君等，2021）。

自从2001年生态翻译理论被提出，利用这一理论研究公示语翻译成为新的热点（王君，2019）。公示语作为一种特殊的语言体裁，具有独特的语用属性。不同国家的公示语有不同的语言特点，因此，公示语翻译需要高度的适应性和选择性，这与生态翻译理论不谋而合（周鑫婷，2021）。现有研究主要从生态翻译学的"三维转换"和"翻译生态环境"角度分析公示语翻译，探讨内容主要为公示语的误译现象和公示语的翻译策略，研究范围涵盖交通、景区、国际赛事、疫情防控等不同领域公示语，其中，景区公示语应用最为广泛。

尽管公示语翻译方面的研究较为丰富，但仍然存在一些问题，如研究内容重复、调查范围有限、语料库数量不足、研究内容需进一步深化和多样化等。用生态翻译学理论探讨公示语翻译的研究也存在一些不足，如选题不够广泛、理论视角过于局限等（贺雯婧，2022）。有鉴于此，本文采用生态翻译学理论研究公共卫生公示语翻译，探索这一理论的适用边界。

3 研究方法

在选择公共卫生公示语语料时，笔者首先确定了语料收集的基本原则和具体标准：关注语言类型、主题相关性、场所特点、多样性及时效性等多方面因素；明确公共卫生公示语定义，保证语料内容准确；选定武汉市人流量大的场所，如商场、医院、交通场所等，确保广泛的实际应用；收集文字、图像、图标等不同形式的公示语；关注最新健康信息，避免包括新冠疫情时期的"请佩戴口罩"等过于简单的公示语。

然后，笔者采用线上和线下相结合的方式，收集了词汇、短语和句子形式的256处中英文公示语，并对语料进行清洗，删除重复内容。在此基础上，根据《国家标准：公共服务领域英文译写规范》、平行文本，进一步筛选出120处翻译不当的公共卫生公示语。

接下来，笔者对筛选出的公共卫生公示语进行分类编码，划分为语言维、文化维和交际维三大类，并对不同类别下的一致性进行了交叉对比。结果显示，不同维度上的一致性比率均高于85%，这表明三维分类具有高度的一致性和信效度。基于此，最终计算出120条公共卫生公示语中"三维"翻译不当的比例。

最后，笔者在英语母语者的协助下，对典型案例提出了修改建议。

武汉市公共卫生公示语"三维"翻译不当所占比例及相关实例，分别如表1和表2所示。

表1 武汉市公共卫生公示语"三维"翻译不当占比

类别	频数（条）	频率（%）
语言维	68	56.7%
文化维	16	13.3%
交际维	36	30.0%
总计	120	100.0%

表2 武汉市公共卫生公示语"三维"翻译不当实例

类别	中文	修改前	修改后
语言维	请将纸屑扔入筐内	Put the Confetti in the Bin	Put the Waste in the Bin
	非饮用水	Not Drinking Water	Non-drinking Water
	小心地滑	Warning Slippery urface	Caution! Slippery
文化维	老年人优先	Old People First	Senior People First
	残疾人卫生间	Handicapped Toilet	Wheelchair Accessible
交际维	请不要乱丢垃圾	Don't Left Rubbish	No Littering
	来也匆匆 去也冲冲	Come in Hurry Go in Hurry	Come in Hurry Leave with a Flush

4 生态翻译学视域下公共卫生公示语翻译分析

4.1 语言维

语言维转换要求译者关注源语和目的语之间的差异，确保词汇、句法等翻译准确地道。武汉市公共卫生公示语语言维的翻译问题主要包含三类。

4.1.1 选词不当

选词不当不仅会导致公共卫生公示语信息传递有误，还可能引发争议、误解，损害城市形象。

例1：请将纸屑扔入筐内

原译：Put the Confetti in the Bin

改译：Put the Waste in the Bin

分析：某公共厕所将纸屑译为confetti，实属张冠李戴。《牛津词典》对confetti的定义为"small pieces of coloured paper that people often throw at weddings over people who have just been married, or（in the US）at other special events"。译者应从语言维进行适应性转化，选择符合公共卫生场所语境的词汇，译为"Put the Waste in the Bin"。

例2：不可回收

原译：ORGANISM

改译：Unrecyclable

分析：该公共卫生公示语亦选词不当。根据《牛津词典》，"organism"意为"a living thing, especially one that is extremely small; a system consisting of parts that depend on each other"。该词汇与原文信息相差甚远，建议译为"Unrecyclable"，该译文已得到国内相关部门的认可并成为标准译文。

例3：请便后冲洗

原译：Wash after Use

改译：Flush after Use

分析：根据《牛津词典》，"flush"和"wash"的英文释义分别为"to clean sth by causing water to pass through it（用水）冲洗净"，"to make sth/sb clean using water and usually soap"，即"flush"侧重于冲，而"wash"侧重于洗。因此，在厕所语境中，用"flush"一词更为合适。

例4：请勿携带宠物

原译：No Dogs

改译：No Pets

分析：一商店以偏概全，将原文语言生态系统中宠物的概念缩小为犬类，破坏了源语与目的语之间的语言生态平衡。为避免人际冲突，应译为No Pets。

4.1.2 语法错误

语言维转换失败的形式还包括语法错误。例如：将"男洗手间"中的"Men"误译为"Man"，导致单复数错误；某医院将"非饮用水"译为"Not Drinking Water"，存在明显语法错误。笔者查阅英文语法书籍及线上资料，并未发现"Not＋动词ing"修饰名词的英文结构，可改为"Non-drinking Water"。再如，湖北省博物馆将公示语"本区域已消毒"译为"Already Disinfection"。副词修饰名词的结构并不符合语法规范，应改为"Already Disinfected"。某公共厕所"小心台阶"的译文"Carefully steps"同样修饰不当。该类提示性公示语的信息及功能与西方公示语相近，建议直接借鉴西方公示语表达形式，译为"Caution: Steps"。

4.1.3 机械对应

要使源语和目的语的语言生态平衡，译者必须适应目的语的语言生态环境，如此才能使译文在新的生态环境中存活（刘安洪，2014）。

例5：讲究社会公德，爱护公共卫生

原译：Notice Social Morality, Note Public Cleanliness

改译：Please Keep the Place Clean

分析：汉英公示语的表达方式及句法存在差异：汉语讲究结构美，多用并列结构；英语则多用陈述句、祈使句等（林婷婷，2009）。译者应适应目的语的表达习惯，进行语言维的适应性转换，译为"Please Keep the Place Clean"。

例6：小心地滑

原译：Warning Slippery Surface

改译：Caution! Slippery

分析：某公共厕所的提醒性公示语照搬源语结构，也未做到语言维的选择与转化。对于此类常见公示语，可借鉴平行语料，参考英美公共厕所公示语已有译文，译为"Caution！Slippery"。

例7：有人（厕所）

原译：Have People

改译：Occupied

分析：该译文生硬直译，实为中式英语。occupied一词常用于公共场所，用以表示某个空间被占用或有人使用，更加符合英语国家的表达习惯。

例8：保护环境，爱护地球

原译：Please Protect the Environment & Cherish the Earth

改译：Please Protect the Environment

分析：中文公示语常用对偶句式，展现结构和音律之美，但前后内容往往意思相近甚至相同（王峰，2020）。此处的爱护地球实则就是倡导爱护环境，因此，译者不必拘泥于原文形式，可灵活地翻译为"Please Protect the Environment"。

4.2 文化维

译者应充分考虑目的语读者的文化背景、思维方式及可接受程度等跨文化因素，以目的语读者更易接受的方式进行语言表达（李诗慧，2019）。

例9：老年人优先

原译：Old People First

改译：Senior People First

分析：在西方文化中，"old"往往带有消极含义，与体力、脑力下降等关联。因此，应该避免直接使用该词，代之以"senior"等委婉词汇（商静，2017）。译者在翻译时应转化文化背景，选择目的语群体所接受的表达，译为"Senior People First"。

例10：残疾人卫生间

原译：Handicapped Toilet

改译：Wheelchair Accessible

分析：由于中西方文化差异，译者必须尊重受众的语言习惯，如此才能顺利传达源语信息及文化内涵（李诗慧，2019）。在西方文化中，"handicapped"多指瘫痪或肢体伤残的人，而直接指出他人的身体缺陷极不礼貌，因此，译者应选择更礼貌的表达"Wheelchair Accessible"。

例11：残疾人专用

译文：Deformed Person

改译：For Disabled Only

分析：《牛津词典》对"deformed"一词的定义为"having a shape that is not normal because it has grown wrongly（畸形的）"。由此可见，该译文生硬粗俗，忽略了读者可接受性，建议采用更加委婉的说法，译为"For Disabled Only"。

例12：请便后冲洗

原译：Mang out after Shit

改译：Flush after Use

分析：译文中的"Mang"和"Shit"粗俗不堪，极为不雅，极易引起读者的不适和反感。译者应充分考虑词汇的文化因素及受众的可接受性，建议译为"Flush after Use"。

4.3 交际维

公示语不仅具有信息功能，还具有指示、提示、强制等交际功能（吴晓，2019）。译者应充分了解公示语的交际意图，实现公示语的交际功能（童杨柳，2020）。

4.3.1 语气不当

汉英公示语翻译以成功交际为最终目的，应当以国外读者为中心。英语接受者的感受决定了公示语汉英翻译的传播效果（万永坤，2012）。

例13：请不要乱丢垃圾

原译：Don't Left Rubbish

改译：No Littering

分析：该译文虽再现原文信息，但交际效果不佳。由于中西方思维差异，中国人往往认为强制性的祈使句醒目直接，外国人则认为语气生硬，倾向于更委婉地表达（肖乐，2014），建议采名词表达形式："No Littering"。

例14：禁止宠物入内

原译：Keep your Pets out

改译：No Dogs Allowed

分析：该译文命令语气过于强烈。为给予受众更加愉快的阅读体验，可用隐性否定弱化否定语气，将否定的语法形式转化为表达否定含义的词汇或短语"No Dogs Allowed"。

例15：请勿投入烟蒂

原译：Don't throw into the cigarette

改译：No Cigarette Disposal

分析：该译文采用祈使句，命令式语气过强，交际效果并不理想。同样建议采用名词结构缓和语气，译为"No Cigarette Disposal"。

4.3.2 信息冗余

由于公示语标牌空间有限，译者应对源语高度提炼，简明地传达原文信息（李丹，2022）。

例16：避免去人多的地方

原译：Avoid going to the places where there are many people

改译：Avoid Crowds

分析：该译文拖沓冗余，不够醒目，无法突出原文的交际意图。建议脱离源语结构定势，译为"Avoid Crowds"，有效实现公示语的提示功能。

例17：伸手出水

原译：Put out a hand under the water leakage

改译：Sensor Tap

分析：该公示语生硬直译，提示效果亦不理想。此处的伸手出水即感应开关，因此可灵活地译为"Sensor Tap"，突出该公示语的交际功能。

例18：请勿乱扔果皮、纸屑、塑料袋等杂物，保持环境整洁！

译文：Don't Throw the Peel, Waste Paper, Plastic Bag. Keep the Environment Clean！

改译：No Littering！

分析：该公示语的核心信息是请勿乱扔垃圾，保持环境整洁，不必列举具体杂物。改译后的译文减少冗余信息，更加简洁明了，也符合国际通用表达。

例19：有您的参与，垃圾不会无家可归

原文：If you would like to join us, rubbish will never be homeless.

译文：No Littering！

分析：中文采用修辞手法，以增添美感。然而，为了增强公示语的提示功能，有必要删减次要信息，突出重点内容，将其译为"No Littering"更为直接和醒目。

4.3.3 表意不符

译者应当透过词汇字面含义，深挖其内在含义，充分传达原文信息（杨毅华，2013）。若译者未准确传达公示语的交际目的，交际活动将难以进行。

例20：来也匆匆，去也冲冲

原译：Come in Hurry, Go in Hurry

改译：Come in Hurry, Leave with a Flush

分析：交际维转换要求译者准确传达原文交际目的，实现交际行为（施红梅，2017）。该公示语中，"来也匆匆"表示行为匆忙，"去也冲冲"则告诫人们自觉冲厕所。若望文生义，将后半句也译为匆忙之意，便无法传达中文的真正含义，建议译为"Come in Hurry, Leave with a Flush"。

例21：座便

译文：Be Seated Defecate

改译：Toilet

分析：该译文曲解原文含义，逐字硬译，给读者造成了阅读障碍。原文中的"座便"并非坐着方便，而是指马桶，应准确译为"Toilet"。

例22：一客一用一消毒

原译：One customer, One use, One disinfection

改译：Disinfection after Using

分析：该译文和原文机械对应，不知所云。原文中的三个"一"主要是为了押韵，关键信息是强调"使用后进行消毒"。为突出交际重点，译者应删减多余成分，译为"Disinfection after Using"。

5 生态翻译学视域下公共卫生公示语翻译策略

针对武汉市公共卫生公示语的翻译问题，笔者认为可以从语言维、文化维以及交际维分别采用不同的翻译策略。

5.1 语言维

语言维的转换要求译者关注语言形式，确保选词准确，语法得体，准确传达原文意思。针对语法错误、机械对应等翻译问题，可采取以下翻译策略。

5.1.1 借译法

借译法指在翻译外来语的过程中，按照源语的形态结构和构词原理直译过来，是一种字对字的翻译（蔡莉等，2013）。若英文公共卫生公示语有国际惯用译法，或中英公共卫生公示语的信息语义、文本功能及使用场合完全相同，则可直接借用西方现行公示语（梁司颖等，2020）。

例如："厕所"一词可借用国际惯用表达"Restroom"或"Toilet"。再

如"吸烟室"可直接借译为"Smokery",因为此处的吸烟室和西方国家的"Smokery"都指用于吸烟的专用场所,都属指示性公示语,且都适用于公共卫生场所。

5.1.2 套译法

套译法是在保持原文语义表达和信息传递的前提下,套用译语的固有表达模式(郭玉超等,2013)。中英公共卫生公示语信息语义、文本功能和使用场所完全相同的较少,大多数都是语言结构、信息功能近似。对于该类相似但不相同的公共卫生公示语,译者可套用西方公示语的表达结构(梁司颖等,2020)。例如:公示语"小心滑倒""当心碰头""请勿踩踏",分别套译为"Caution: Slippery""Mind Your Head""No Stepping"。因为中文一般性警示公示语"小心/当心XX(名词)""请勿XX(动词)和英文公示语"Caution: XX(名词)""Mind XX(名词)""No XX(动词ing)"的语言结构和信息功能相似,因此可直接套用。

5.2 文化维

文化维的转换要求译者考虑源语和目的语文化差异,以目的语读者更易接受的方式进行表达。针对忽视文化因素导致的公共卫生公示语翻译不当,可采取以下翻译策略。

5.2.1 意译法

意译法指翻译时不受原文词语表面语义和句子结构的限制,用不同于原文的表达方式,传达原文意思(师福荣,2018)。若源语含有中国文化特色的词语而目的语没有完全对应的词语,则可考虑意译法(朱丽丽,2022)。例如:公共卫生公示语"洗手者,有品位之人也!"中的"品位"一词在西方无完全对应的词汇,具有文化空缺现象。若生硬直译"品位"二字,便会造成公示语交际效果不佳,因此可提炼核心信息,译为"Your Health is in Your Hands"。

5.2.2 省译法

省译法即省略不符合译入语思维习惯、语言习惯和表达方式的词汇（陈萌，2015）。若删去中文公示语的文化特色词汇，并不影响原文内容的理解和表达，则可考虑省译法。例如：公示语"讲究社会公德，爱护公共卫生"中的"社会公德"为典型的中国特色词汇，体现了我国的社会文化观念。若直译为"social morality"，外国人可能难以理解。因此可灵活删减，省去繁琐的解释说明，译为"Please Keep the Place Clean"。

5.3 交际维

交际维转换要求译者关注公共卫生公示语的交际意图及交际功能。针对语气不当、信息冗余等交际维翻译问题，可采取以下翻译策略。

5.3.1 反译法

反译法也称"词义反译法""语意反述法"等（张福娟，2007）。对于语气生硬造成的交际维转换失败，译者可采用反译法，用肯定表述转换否定含义。例如：武汉某公共场所将"闲人免进"译为"Non-staff Don't Enter"，忽视了中西思维差异及读者心理感受，折损了公示语应有的交际作用。译者可从读者角度出发，反译为"Staff Only"，使受众更易接受交际信息。公示语"禁止喧哗"直译为"Don't Make Noise"虽内容正确，但语气过于生硬，建议反译为"Keep Quiet"，便好实现公示语的呼唤和感召功能。公示语"导盲犬不限（厕所）"，即导盲犬可以入内，可反译为"Guide Dogs Allowed"。

5.3.2 省译法

若公共卫生公示语内容繁杂，致使交际效果不佳，则可采用省译法，用词汇、短语代替长句（李琛，2021）。例如：公示语"为了您和大家的健康，吸烟请到吸烟处"逐字翻译不够醒目，可省译为"No Smoking"。再如，将"真空便器，请勿投杂物以免影响您和他人的使用"省译为"Only for Human Waste and Toilet Paper"，以突出公共卫生公示语的交际功能。为传达公示语"保护环境，禁丢弃物"的重要信息，可省译为"No Littering"，凸显保护环境的主旨。

5.3.3 图示法

公共卫生公示语还可结合图片，加强视觉提示。例如：公示语"男女厕所"常省略"厕所"二字，用图示符号补充文本信息，译为"Men"或者"Women"；"小心滑倒"结合图片，可直接译为"CAUTION"一词。再如，公示语"当心触电"在图片提示的作用下，直接译为"DANGER"。需要注意的是，《公共服务领域英文译写规范》指出，需特别强调的警示性、提示性独词句应全部大写，因此该警示性公示语所有字母需采用大写形式。

需要说明一点，笔者针对不同维度提出的翻译策略在一定情况下可交叉使用。例如，针对文化维翻译问题提出的省译法，也可适用于交际维的信息冗余问题。因此，在进行公共卫生公示语翻译时，译者可以灵活地采取多种翻译策略。

6 结语

尽管新冠疫情已经过去，但城市公共卫生水平的提高仍需要相关的公示语。因此，我们应继续关注和重视公共卫生公示语的翻译。在进行公共卫生公示语翻译时，译者应注重语言维、文化维及交际维的适应性转换，准确传达公共卫生公示语的含义、充分考虑不同语言间的文化差异、实现公共卫生公示语的交际功能，如此才能进一步提高公共卫生公示语的翻译质量。

参考文献

蔡莉，王颖，2013. 用借译来保留中国英语的特征——以《京华烟云》为例 [J]. 语文学刊（外语教育教学）（8）：39-40.
陈萌，2015. 浅析省译法在翻译中的运用 [J]. 信阳农林学院学报（2）：89-91.
戴宗显，吕和发，2005. 公示语汉英翻译研究——以2012年奥运会主办城市伦敦为例 [J]. 中国翻译（6）：38-42.

郭玉超，任晓慧，2013. 从广告翻译看英汉翻译中的创译法、套译法与零译法 [J]. 剑南文学（经典教苑）（3）：320.

贺雯婧，2022. 国内生态翻译学研究综述——以2016—2020年CNKI生态翻译学文献为对象 [J]. 今古文创（26）：114-117.

李琛，2021. 论英汉公示语的文本特点与传播功能 [J]. 福建教育学院学报（4）：100-102.

李丹，2022. 功能翻译理论视域下旅游景点公示语的英译研究——评《文化、旅游与翻译》 [J]. 科技管理研究（3）：251.

李诗慧，2019. 中式英语的成因及对策探究 [J]. 湖南科技学院学报（8）：107-109.

梁司颖，赵润东，姚夏晶，2020. 武汉市公共服务场所公示语英译的语用失误研究 [J]. 现代语言学（3）：297-303.

林婷婷，2009. 标语口号英译的语用失误剖析 [J]. 湖北第二师范学院学报（3）：122-124.

刘安洪，2014. 从生态翻译学视角看旅游资料中文化负载词的英译 [J]. 重庆文理学院学报（社会科学版）（4）：60-64.

刘淑婧，2023. "公共卫生"的定义分析及其伦理内涵 [J]. 医学与哲学（2）：6-10，68.

商静，2017. 生态翻译学视阈下旅游景区公示语翻译的"三维"转换 [J]. 河北大学学报（哲学社会科学版）（4）：42-46.

师福荣，2018. 浅析直译法与意译法在中餐英译中的应用 [J]. 文化创新比较研究（19）：88-89.

施红梅，2017. 生态翻译视角下的大理地区公示语的翻译——兼谈译者的素养 [J]. 昆明冶金高等专科学校学报（6）：79-82.

童杨柳，2020. 生态翻译视角下合肥公示语英译的三维转换策略和技巧 [J]. 沈阳大学学报（社会科学版）（3）：377-381.

万永坤，2012. 公示语汉英翻译中的归化与异化策略探讨 [J]. 海外英语（5）：11-12.

王峰，2020. 汉语研究中的"对偶""对称"与"对举" [J]. 南京晓庄学院学报（1）：77-81，124.

王君，2019. 国内生态翻译学研究综述 [J]. 海外英语（2）：53-54.

王俪润，2023. 生态翻译学视角下《你好，李焕英》字幕汉英翻译研究 [J]. 汉字文化（8）：174-176.

吴晓，2019. 生态翻译学视角下景区公示语翻译探析 [J]. 长春师范大学学报（5）：97-102.

肖乐，2014. 生态翻译学视阈下的外宣英译策略——以公示语翻译为例 [J]. 湖南社会科学（3）：198-200.

薛红果，2022. 生态翻译学视域下旅游景点公示语英译问题研究 [J]. 西安外国语大学学报（4）：97-100.

杨霞，2019. 国内公示语英译研究十年综述 [J]. 海外英语（6）：57-58.

杨毅华，2013. 词的本义和引申义关系探微 [J]. 科教文汇（上旬刊）（16）：113，119.
叶慧君，胡连影，2021. 2011—2020年中国公示语翻译研究综述 [J]. 上海翻译（5）：29-33.
张福娟，2007. 英译汉中的反译法刍议 [J]. 闽西职业技术学院学报（3）：128-131.
中国国家标准化委员会，2017. 公共服务领域英文译写规范 [S]. 北京：中国标准出版社.
周鑫婷，2021. 生态翻译学研究综述——基于Citespace的可视化分析 [J]. 文化创新比较研究（28）：118-121.
朱丽丽，2022. 外宣翻译中文化空缺词的翻译策略及翻译方法 [J]. 文化学刊（1）：48-51.

文献计量学框架下的粉丝经济研究（2013—2022）
——基于Citespace的可视化分析[1]

曾涔[2]　胡文飞[3]

> **摘要**："粉丝经济"源于亚文化研究，近年逐渐演化为一种特殊的文化现象。本文基于文献计量学研究框架，以近十年中国知网（英文简称"CNKI"）数据库收录的粉丝经济研究为数据样本，结合可视化分析软件Citespace进行文本挖掘和数据分析，系统研究我国粉丝经济研究的发展趋势、热点及演化路径。研究表明，粉丝经济研究呈逐级上升趋势，关注社群经济、商业模式、泛娱乐、IP、粉丝文化等，聚焦于文化与经济领域，思想政治领域略有涉及。本文较为客观地反映粉丝经济的研究现状，以期为该领域的未来研究提供借鉴与思考。
>
> **关键词**：粉丝经济；文献计量分析；Citespace；前沿热点

---

[1] 四川外国语大学重点学科研究生科研创新项目"评价理论视阈下的和谐话语谱系研究——以碳中和报道为例"（SISU2022XK052）的成果。
[2] 曾涔，四川外国语大学商务英语学院研究生，研究方向为商务英语研究。
[3] 胡文飞，四川外国语大学商务英语学院教授，博士，博士生导师，研究方向为商务英语研究、词典学和二语教学。

The Research on Fan Economy in a Bibliometrics Framework (2013—2022)
—Visualization Analysis Based on Citespace

ZENG Cen HU Wenfei

Abstract: The "fan economy" originated from subculture research and has gradually evolved into a unique cultural phenomenon in recent years. Under the framework of bibliometrics, the study takes the fan economy studies included in the CNKI database in the past ten years as data samples. It combines data processing and content mining with the visual analysis software Citespace to clarify the development trends, exploration hotspots, and evolutionary paths of China's fan economy studies. It is indicated that the research on fan economy shows a gradually rising trend, focusing on community economy, business model, pan-entertainment, IP, fan culture, etc., concentrating on the cultural and economic fields, with a slight involvement in the ideological and political fields. This study objectively reflects the current status of fan economy research, intending to provide reference and reflection for future research in this field.

Keywords: fan economy; bibliometric analysis; citespace; cutting edge hot topics

1 引言

在流行文化蓬勃发展的当代,"粉丝"已经成为社会生活的热点词。粉丝是特殊的消费者,这体现在经济、时间和情感三方面的"超常投入"。他们会表现出超常的行为,并依托所热爱的对象形成个人化的意义和信念(Jindra,1994)。

基于此成型的粉丝经济研究,随着现代化进程和粉丝文化发展不断演进。粉丝经济泛指架构在粉丝和被关注者关系之上的经营性创收行为,是通过提升用户黏度来优化口碑营销实效,以此收获经济收益与社会效益的信任代理形态和经济运作方式(李文明、吕福玉,2014)。随着粉丝经济进入自身发展的第三阶段——依托社交媒体的粉丝社群从一个亚文化圈层逐渐升级为生产性的自组织(周懿瑾、黄盈佳、梁诗敏,2020)。作为文娱产业和数字经济的组成部分,粉丝经济正在快速发展。根据《2020年中国红人经济商业模式及趋势研究报告》,2023年粉丝经济关联的产业规模预计将超过6万亿(黄楚新,2021)。

但在其紧密关联的饭圈网络中,"隐私侵犯""网络暴力"等乱象频发。粉丝经济也由热门课题延伸至治理议题。《人民日报》、人民网、《光明日报》、央视网等多家官媒先后表示,要求从严治理饭圈及粉丝经济(祁麟,2022)。粉丝经济研究规模有所变化,体现为CNKI数据库中国内粉丝经济研究的文献数量在近十年迅速增长,学科构成主要集中于新闻传播学、经济学以及艺术学等人文社科领域(郝雨、马宇涵,2019;刘莎,2018;刘筠梅,2019)。

而在当下,考虑到粉丝经济点燃的正向效应与痛点脉络日益清晰且同时扩散,学术界愈发意识到相关问题迫在眉睫,解决这类问题的"窗口期"十分有限(孙佳山,2021)。在未来,粉丝经济的连锁效应会更加深远,不仅指向国内社会生态,也触及跨国交际传播。时至今日,相关讨论仍鲜少触及粉丝经济研究的结构与脉络,探讨粉丝经济研究的演化路径,即针对该领域的总体研究趋势、热点研究主题与前沿趋势仍待勘察探讨。

文献计量学方法可以全方位体现一个领域的研究范式,能更加科学地指导未来的研究方向（Chen，2017）。基于文献计量学视角有助于服务粉丝经济的相关社会治理，弥补学界相关空缺。

20世纪初，人们已经开始对文献进行定量化研究。历经将近一百年的时间后，文献计量学也逐渐由萌芽走向成熟（赵蓉英、许丽敏，2010）。如今，文献计量学被公认为国际图书情报领域内最活跃的一个分支学科，并成为情报科学研究的主流（邱均平等，2003），文献计量法在图书情报领域也得到了充分应用。随着其理论方法的发展，自然科学、社会科学、科技评价和管理等相关领域也有所涉及（朱亮、孟宪学，2013）。此外，情报学的学科融合特征决定了其研究成果具备广泛适用性，信息检索方法、文献计量方法等可以应用到其他人文社科研究（俞立平、张矿伟、张再杰，2022）。近年来，随着文献计量学及计算机科学的发展，以引文分析和知识图谱可视化技术为基础的分析工具逐渐兴起并得到广泛运用，经济学等人文社科领域的文献计量研究也逐年增加（张宇星、李贵才，2021）。但截至目前，少有文献基于文献计量可视化视角对我国的粉丝经济研究进行综述分析。

因此，本文运用Citespace可视化工具，基于文献计量学方法，对近十年间粉丝经济研究进行探索，系统展现其发展特征、研究热点和演进情况，以期为学术界和实践界对粉丝经济的后续研究提供科学参考。

2 研究设计

2.1 研究问题

本文主要考察三个问题：

（1）基于文献计量学视角，2013—2022年的粉丝经济研究趋势如何？

（2）基于文献计量学视角，2013—2022年的粉丝经济研究热点主要体现在哪些领域？

（3）在此基础上，如何把握粉丝经济的发展特征进一步开展后续研究？

2.2 数据来源与分析

2.2.1 数据来源

本文将近十年划为2013—2017年和2018—2022年两个阶段。基于文献计量学视角，统计我国粉丝经济研究的发表趋势，研究数据收集于中国知网（以下简称"CNKI"）数据库，检索式为关键词包含"粉丝经济"，文献类型选择"期刊"，来源类别选择"北大核心"和"CSSCI"，时间范围选择"2013—2022"，初步得到135条检索记录。经人工筛选后删除与关键词符合度较低的文章2篇，最终共搜集到133条文献的数据信息。

2.2.2 数据分析

随后采用文献计量学可视化分析软件Citespace 5.8.R3对数据进行处理与分析。Citespace是一款由陈超美博士开发的主要用于计量和分析科学文献数据的信息可视化软件（Chen，2004）。对筛选后的133篇文献进行关键词提取与可视化图谱生成等，辨析粉丝经济研究的热点演变进程，更系统全面地探索潜在议题和发展方向，并对未来的粉丝经济研究进行描绘。

3 研究结果与分析

3.1 粉丝经济研究的总体趋势

统计结果显示，2013—2022年我国各类学术期刊上共发表粉丝经济论文133篇。根据时段划分[1]，结合图1，粉丝经济研究表现出以下特征：总体上，研究数量有一定幅度的上下波动，第二阶段的研究数量多于第一阶段。具体而言，第一阶段随时间总体呈逐年上升的趋势，2015年为峰值；第二阶段上下波动幅度较大，总体呈逐年下降的趋势，但2019—2021年有所回升。

---

[1] 2013—2017为第一阶段，2018—2022为第二阶段

虽然2020—2022年未能延续2015—2017年的峰值研究状态，但近五年粉丝经济的研究强度总体较第一阶段有所上升，这表明随着网络技术进步和偶像经济规模化发展，"饭圈"文化和"粉丝经济"都逐渐兴起（黄楚新，2021），学界对于粉丝经济的影响意义或是"饭圈"乱象的研究等随之俱增（康蕊，2021；李鹏、马永祥，2020）。

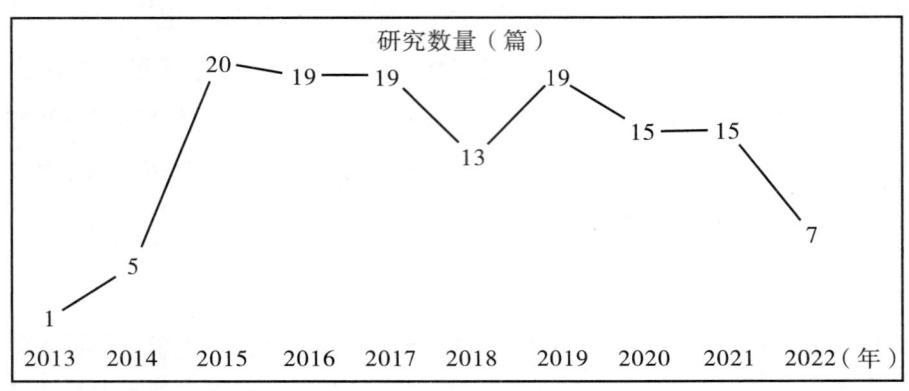

图1　2013—2022年国内粉丝经济研究的发展趋势

3.2　粉丝经济研究热点的可视化分析

3.2.1　关键词共现分析

关键词将论文主题及内容以鲜明的方式展现出来，对关键词进行研究有益于分析探查热点问题。粉丝经济研究的关键词共现图谱显示，"粉丝经济"具备最高出现频次，此外，"社群经济""IP""粉丝文化"等词也有较高出现频率。

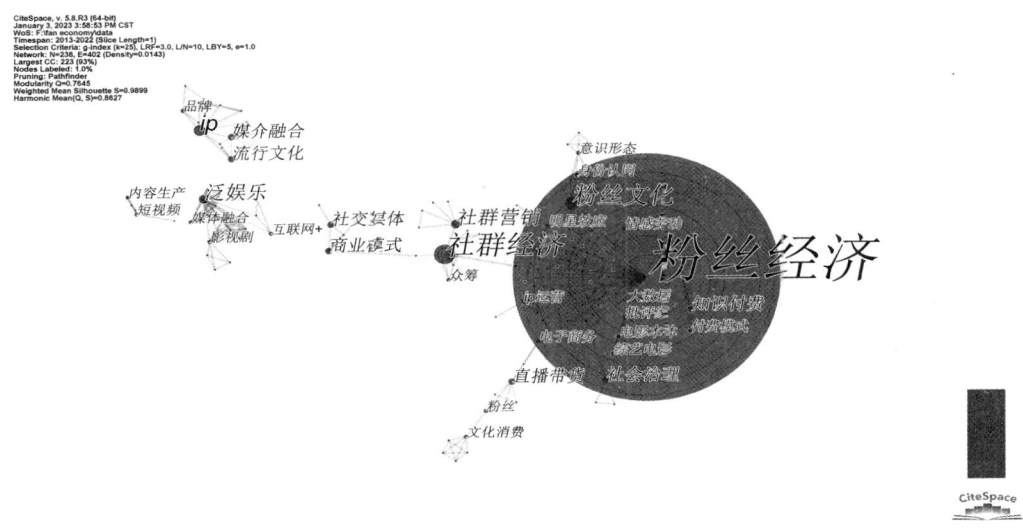

图2 2013—2022年国内粉丝经济研究的关键词共现图谱

在出现频率大于等于3次的基础上,选择中介中心性大于0.10的关键词[1],进一步列出了10个热点关键词(表1)。结合表1和图2发现,"粉丝经济"一词具备高中心度与高出现频次,处在我国粉丝经济研究热点关键词的第一梯队;第二梯队的热点关键词出现频次位于4到9次之间,包括"社群经济""粉丝文化""IP""泛娱乐"四个词;第三梯队的出现频次皆为3,如"社交媒体""直播带货""流行文化"等。

表1 2013—2022年国内粉丝经济研究的高频热点关键词

序号	关键词	出现频次	中介中心性
1	粉丝经济	111	1.59
2	社群经济	9	0.75
3	粉丝文化	6	0.17
4	IP	5	0.14

---

1 中心度大于0.10的关键词是具有高中介中心性的关键节点。

续表

序号	关键词	出现频次	中介中心性
5	泛娱乐	4	0.52
6	商业模式	3	0.57
7	社交媒体	3	0.54
8	流行文化	3	0.22
9	直播带货	3	0.14
10	知识付费	3	0.11

郑欣（2008）在粉丝经济还未受到大规模研究的时候就已经指出，粉丝经济不只是新型的经济形式，也是社会政治、经济、文化的综合反映。热点关键词和共现图谱的结果印证了这类综合反映：近十年的国内粉丝经济研究主要围绕文化与经济领域展开，思想政治领域略有涉及。

首先，"流行文化""泛娱乐""影视剧""IP""综艺电影"等文化领域的关键词在内部紧密相连，在外部与"粉丝经济"也展现出强联系。例如，"泛娱乐"的核心是"IP"，"IP"的挖掘价值与"流行文化"紧密关联，而"IP"作为数字消费时代传播升级的文化符号，粉丝又是其核心元素之一（董占军、田金良，2022），所以在创作"影视剧"和"综艺电影"时，业内越来越看重"IP"的改编与其背后强大的"粉丝经济"。其次，经济领域中的关键词内部联系仍然紧密。例如"直播带货"类属于"商业模式"，"社群营销"形成于"社群经济"。与此同时，部分经济领域的关键词如"社群经济"与"粉丝经济"有着更为直接的关系，"社群经济"因表现出与粉丝经济相同的情感依托，是粉丝经济的高级形式（刘彦辉、李宪宝，2022）。最后，相较于其他领域，思想政治领域虽少有涉及，但随着近年来"饭圈"乱象的不断增加，部分学者也将焦点转向粉丝经济带来的精神失落和价值观缺失等意识形态方面的社会矛盾与问题（见陈琼秋，2022）。

3.2.2 关键研究主题分析

为了进一步考察2013—2022年我国粉丝经济研究的热门知识结构，探索关键词的组合分类，通过Citespace 5.8.R3软件进行自动聚类，得到图3的关键词聚类图谱。该拓扑网络模块值为0.7645，符合模块值大于0.3的有效聚类条件，平均轮廓值为0.9899，表明聚类具有强信服度。

我国粉丝经济研究的八个关键词聚类研究热点，如图3所示。这八个关键词聚类分别为聚类#0社群经济、#1商业模式、#2泛娱乐、#3 IP、#4粉丝文化、#5文化消费、#6分享经济和#7明星代言广告。从平均轮廓值看，各聚类都大于0.9。其中，聚类#0社群经济的规模（54）和聚类轮廓值（1）皆为最大。

相较于关键词共现分析，2013—2022年我国粉丝经济研究的热点主题聚焦点更为集中，主要围绕文化与经济领域展开，与本文研究主题高度契合。

（1）粉丝经济研究的文化领域囊括#2泛娱乐、#3 IP和#4粉丝文化三个聚类。

泛娱乐自身具备的IP属性与粉丝文化基础将三个聚类紧密相连，不断引起学界关注。三个聚类下面包括"影视公司""媒介融合""网络粉丝社群"等子聚类。粉丝经济是影视公司持续盈利的关键模式，而公司的持续盈利与粉丝社群的黏性密不可分。粉丝社群是基于对娱乐明星偶像的积极情感而建的"情感部落"（郑敬斌、任虹宇，2022），具体而言，粉丝社群的集体归属感和认同感在得到回应的基础上不断强化，粉丝社群黏性不断提高。与此同时，随着互联网的发展和社会化媒体的产生，粉丝社群的聚集更加迅速（耿爽爽，2021），网络粉丝社群的影响力随之上涨，推动影视市场主体稳步发展，最终使粉丝经济闭环深化，多维度、多层次的协同效益愈发显著。

（2）粉丝经济研究的经济领域包含#0社群经济、#1商业模式、#5文化消费、#6分享经济和#7明星代言广告五个聚类。

社群经济和分享经济等新业态盛行的同时，明星代言广告等商业模式也日益发展创新，最终刺激文化消费。五个聚类下面包括"客户关系管理""直播带货""知识付费""明星效应""品牌形象"等子聚类。一方面，在经历了静态知识获取1.0与动态知识更新2.0后，知识共享在知识冗余与粉丝经济的双重作用下，进入付费问答与订阅的3.0阶段（王传珍，2017）。另一方面，粉丝经济时代的到来，意味着客户关系管理需要提升到新的阶段，例如在直播带货中，作为品牌方和主播，其长期运营的核心能力在于拉新、产品和客户关系管理（周懿瑾、黄盈佳、梁诗敏，2020）。除主播带货之外，品牌方通常也会请品牌代言人（通常是"流量明星"）"坐镇"直播间。在这个过程中，品牌方和明星达到了双赢，粉丝社群会为了再生产偶像的商业价值进行宣传与消费，品牌方也直接或间接地通过明星效应巩固了品牌形象。

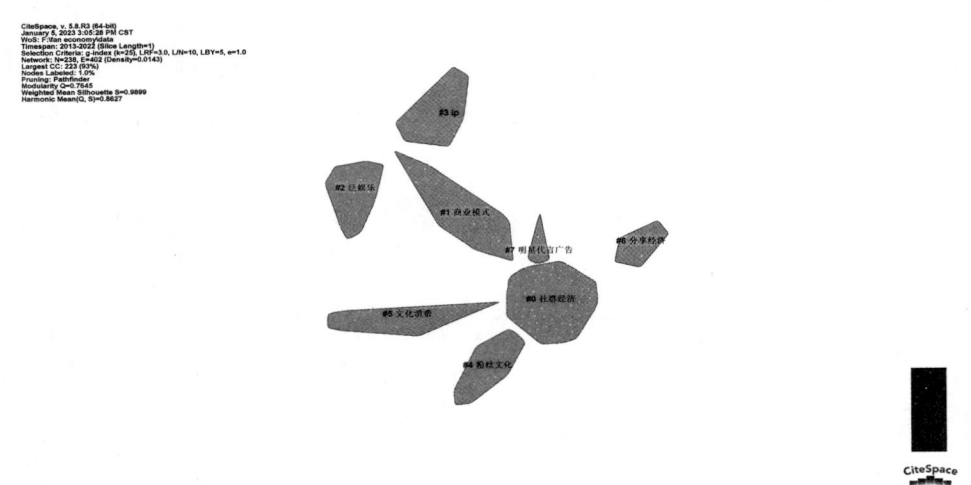

图3　2013—2022年国内粉丝经济研究的关键词聚类图谱

3.2.3　研究热点演进分析

相较于其他图谱，时区视图站在时间的维度上关注知识演进，可以清晰地展示出文献内容的更新和相互影响（陈悦等，2015）。因此，为探析我国粉丝经济研究的演进趋势，绘制关键词时区图谱（图4）。

总体而言，近十年国内粉丝经济的研究热点与时俱进、不断更新。具体来看，划近十年为2013—2017和2018—2022两个阶段，根据图4，近十年粉丝经济研究表现出两个特点。

（1）第一阶段主要关注文化与经济领域，探讨粉丝经济的文化属性及其背后的产业链。例如，"粉丝文化""影视剧""流行文化""IP运营""付费模式""互联网+""大数据"等。

（2）在当下的文化转型阶段，流行文化产业的快速发展诱发了一些过度娱乐化的行为，"饭圈"乱象在网络与现实中层出不穷（孔翔、吴劲草、赵弋徵，2022）。

由此，第二阶段的探索范围相应扩大，涉及思想政治领域——"社会治理""明星制度""法律规制""意识形态"等。近期已有学者提出，政府作为制度构建者要营造良好的市场资源投入与运作的制度环境，以更好地统筹"饭圈"治理网络（杜孝珍、代栋栋，2022）。此外，伴随社会文化消费逐渐呈现新样态，研究对象在第二阶段更加聚焦——"潜在受众""亚文化""虚拟偶像"和"偶像工业"等关键词层出不穷。例如，充分体现粉丝经济、创意经济与网红经济综合效应的虚拟偶像，是技术与文化共同推动的结果（付茜茜，2021），最终也愈发贴近偶像工业和粉丝经济发展模式。

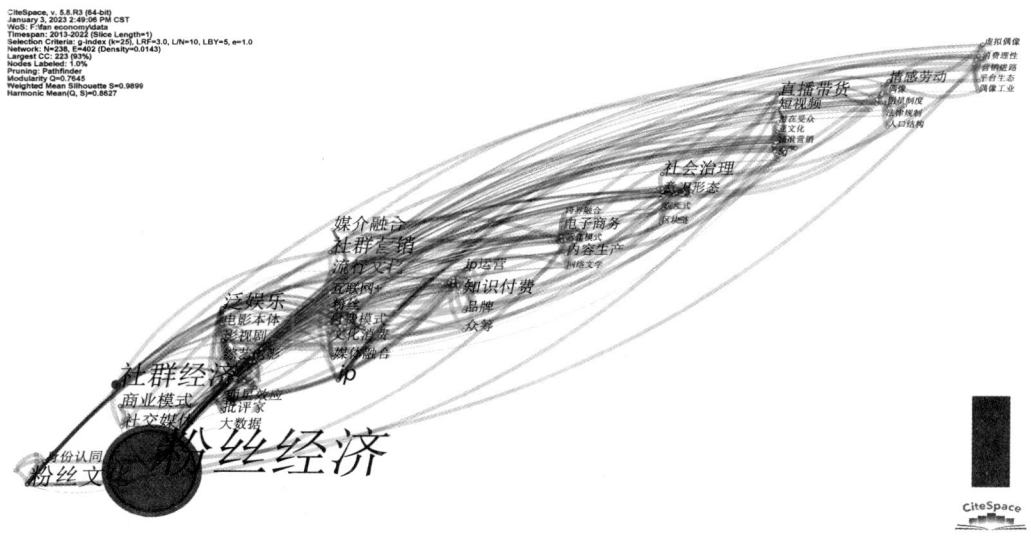

图4　2013—2022年国内粉丝经济研究的关键词演进图谱

3.2.4 研究前沿探测分析

突变词有助于辨析不同阶段的研究热点（图5）。从具体阶段来看，第一阶段（2013—2017）的突变词占总数的73%，且出现系数峰值词"社群经济"；第二阶段（2018—2022）的突变词占比较低，但也出现"直播带货"这种具备较高系数峰值的突变词，拓宽了粉丝经济研究的视角。

突变词的出现与社会的发展实际密切相关，粉丝经济研究的各时间节点附近基本都有其代表事件。例如第一阶段中，"腾讯"于2015年收购"盛大文学"，整合后的"阅文"集团迅速让横向流动的"泛娱乐布局"获得了产业链纵深（赵宜，2019）。2017年，《人民日报（海外版）》把IP列入2017年中国出版十件大事之一。[1] IP热潮让整个文化产业认识到"版权运营"的重要性。同时，随着IP理念深入人心，IP概念逐渐涵盖整个知识领域范畴，在教育出版与专业出版领域，"知识付费"的兴起加速了知识IP化的步伐（中国数字出版产业年度报告课题组等，2017）。第二阶段则是粉丝经济深入发展的阶段，在持续研究初阶热点领域的同时，时代的变迁也对我国粉丝经济研究的关注话题产生了影响。例如，"直播带货"作为粉丝经济的表现形式之一，是一种在互联网时代快速崛起的新兴电子商务业态（彭珏、何金廖，2021）。

图5 2013—2022年国内粉丝经济研究的11个突变词

---

1 《十九大、IP、知识付费……2017年中国出版十件大事》，2017-12-29，http://media.people.com.cn/n1/2017/1229/c40606-29735020.html。

4 讨论

4.1 主要发现

本文基于文献计量学视角，借助知识图谱工具Citespace 5.3.R3对近十年CNKI数据库中的国内粉丝经济研究进行了可视化分析，并基于文献提炼其演变进程和发展方向，探索粉丝经济研究的热点领域和潜在议题。

研究结果显示，我国粉丝经济研究呈现以下特征：（1）在研究数量方面，第一阶段在总体上随时间呈逐年上升的趋势，第二阶段呈下降态势。但后者的研究总量多于前者，且2019—2021年的研究数量有所回升，粉丝经济研究有望重现蓬勃局势。（2）在研究热点方面，粉丝经济研究主要以文化与经济领域为主，思想政治领域为辅，相关研究的关键词包含"粉丝经济""粉丝文化""IP""社群经济""社会治理"等。（3）相较于关键词共现分析，在关键研究主题方面，已有文献更为聚焦，主要关注文化与经济领域，内含社群经济、商业模式、IP、粉丝文化等八个聚类。（4）热点演进和研究前沿与社会发展实际密切相关，第一阶段主要探讨粉丝经济的文化属性及其背后的产业链，但随着"饭圈"乱象频发，第二阶段的探索范围拓宽至思想政治领域。此外，随着社会文化消费逐渐表现出新样态，"直播带货""虚拟偶像"等研究对象在第二阶段更加聚焦。

4.2 未来展望

约翰·菲斯克（John Fiske，2001）将粉丝定义为"过度的读者"，认为其"对文本的投入是主动的、热烈的、狂热的、参与式的"。因此，"粉丝"身份的突出特征常常表现为一系列热烈、积极、主动的行为，以及一种着迷的状态（李秋霖、卜彦芳，2022）。

近来，"饭圈"乱象频频出现，"粉丝"身份内含的"热烈""积极"等特征逐渐转变为大众眼中的"狂热""不理智"等负面印象，部分学者对粉丝经济的负面内容与对应的解决措施进行了探讨研究。李鹏和马永祥（2020）探讨了在粉丝经济驱动下、粉丝效应下的网络盗版侵权，呼吁粉丝珍视文化产品本身的文化价值，以促进文化产业的健康发展；黄楚新（2021）呼吁大众警惕资本裹挟下的"饭圈"文化对青年的影响，提出通过多元化、全方位的系列措施严格规范资本和平台等。未来对粉丝经济的研究也要持续关注其负面事件，并及时进行纵向调查及横向研究，警惕资本剥削劳动盛行、贫富差距悬殊等体现在经济、文化以及意识形态方面的矛盾和问题（陈琼秋，2022），努力实现社会主义条件下的粉丝经济健康良性发展。

而伴随应援文化的发展，当下的粉丝消费已经不限于购买收藏偶像的相关物品、花钱"打榜"推广偶像电视剧电影等。社交媒体与粉丝亚文化的发展兴起，青年群体主导的粉丝公益成为我国公益慈善领域的一大亮点（李子林、胡盼，2022），其中包括援助受灾地区、帮助修桥修路、援助贫困儿童、修建希望小学等。粉丝的这些"消费"，目的包括向路人推广偶像、塑造偶像的良好形象，乃至助推偶像的事业发展等。粉丝在进行这些消费时，其心态在某种程度上已经从"仰视"逐步变得愈发平等（胡岑岑，2018），因而未来研究需要逐渐跨越单纯对粉丝经济进行简单认定的阶段。近年来已有学者以更为辩证的眼光，尝试通过各种研究方法探析粉丝群体的内心，通过蓬勃发展的粉丝经济探寻其背后的产业链和相关文化因素，并总结出粉丝经济对部分领域发展的正向影响。刘志文（2021）基于《解密社群粉丝经济学》思考了社交媒体时代粉丝经济对品牌传播的影响；康蕊（2021）在互联网+背景下，对粉丝经济在农产品销售中的影响意义进行了研究。

粉丝创造出独特并且持久的社群文化，构建了一个生产者掌控之外的艺术世界，其行为更具生产力和创造力（Jenkins，1992）。在未来的粉丝经济研究中，把握其正向影响，逐渐放下成见和猜测，改变研究立场，并结合粉丝经济影响下的亮点事件拓宽研究方向、充实研究内容也是非常重要的。

5 结语

作为助推经济发展的重要驱动力，粉丝经济已经成为颇具增长潜力的新兴产业之一。但粉丝经济对社会发展而言，既是助力，也是挑战，因此粉丝经济的相关研究需要具备新目标。本文基于文献计量学框架，深入剖析2013—2022年国内粉丝经济研究的发展现状。研究发现，在研究数量方面，第一阶段在总体上随时间呈正向发展的趋势。第二阶段虽然态势相反，但其研究总量多于前者，粉丝经济研究有望再现蓬勃局势。在研究热点方面，粉丝经济研究主要以文化与经济领域为主，思想政治领域为辅。此外，已有文献在关键研究主题方面更为聚焦，主要关注文化与经济领域。最后，热点演进和研究前沿与社会发展实际息息相关，总体由探讨粉丝经济的文化属性及其背后的产业链等拓展至思想政治领域，且研究对象随时间发展更加聚焦。

本研究基于国内近十年粉丝经济研究的文献，描绘了其现存状况与未来趋势，弥补了基于文献计量学框架下的粉丝经济研究不足，为粉丝经济的相关治理提供了思路。需要指出的是，本研究具备综述属性，所选数据以核心论文为主，数量统计相对较少，总结现状分析可能乏无法避免主观判断，这是本研究的局限所在，希望未来研究有所完善。

参考文献

陈琼秋，2022. 粉丝经济的政治经济学分析 [J]. 苏州大学学报（哲学社会科学版）（5）：124-134.

陈悦，陈超美，刘则渊，等，2015. CiteSpace知识图谱的方法论功能 [J]. 科学学研究（2）：242-253.

董占军，田金良，2022. 新时代IP理念与工艺美术发展融合的思考 [J]. 齐鲁艺苑（6）：6-10.

杜孝珍，代栋栋，2022. "饭圈经济"的运行机制与治理路径 [J]. 领导科学（12）：124-128.

费斯克，2001. 理解大众文化 [J]. 王晓珏，宋伟杰，译. 北京：中央编译出版社.

付茜茜，2021. 技术神话与符号升级：文化消费视域下的人工智能虚拟偶像 [J]. 天府新论（2）：150-159.

耿爽爽，2021. 被互文本现象建构的演员形象研究 [J]. 中国报业（10）：64-65.

郝雨，马宇涵，2019. 自媒体时代粉丝经济转型：回归经典品质 [J]. 出版发行研究（12）：31-35.

胡岑岑, 2018. 网络社区、狂热消费与免费劳动——近期粉丝文化研究的趋势 [J]. 中国青年研究（6）：5-12+77.

黄楚新, 2021. 警惕资本裹挟下的"饭圈"文化对青年的影响 [J]. 人民论坛（25）：36-40.

康蕊, 2021. "粉丝"经济在农产品销售中的影响意义研究 [J]. 农业经济（3）：134-136.

孔翔, 吴劲草, 赵弋徵, 2022. 商品链视角下K-pop偶像的生产——消费政治研究 [J]. 人文地理（6）：81-87.

李鹏, 马永祥, 2020. 粉丝效应下的网络盗版侵权 [J]. 新闻爱好者（12）：63-65.：

李秋霖, 卜彦芳, 2022. 认同、控制与交换：明星粉丝心理所有权的生成路径 [J]. 未来传播（2）：41-53.

李文明, 吕福玉, 2014. "粉丝经济"的发展趋势与应对策略 [J]. 福建师范大学学报（哲学社会科学版）（6）：136-148.

李子林, 胡盼, 2022. 粉丝公益：一种新兴的青年公益模式——以"百家粉丝团公益联盟"为例 [J]. 当代青年研究（5）：24-31.

刘莎, 2018. 基于"粉丝经济"的电商市场垂直化发展探讨 [J]. 商业经济研究（18）：80-83.

刘彦辉, 李宪宝, 2022. 粉丝经济模式下农产品营销问题的研究 [J]. 中国商论（19）：30-32.

刘筠梅, 2019. 基于"粉丝经济"的IP舞台剧的可持续发展 [J]. 艺术百家（4）：59-63+75.

刘志文, 2021. 社交媒体时代粉丝经济对品牌传播的影响——基于《解密社群粉丝经济学》思考 [J]. 新闻爱好者（10）：115-116.

彭珏, 何金廖, 2021. 电商粉丝经济的地理格局及其影响因子探析——以抖音直播带货主播为例 [J]. 地理科学进展（7）：1098-1112.

祁麟, 2022. 青少年网络传播：现状、问题与对策——基于行动者网络理论 [J]. 传媒观察（5）：97-104.

邱均平, 段宇锋, 陈敬全, 等, 2003. 我国文献计量学发展的回顾与展望 [J]. 科学学研究（2）：143-148.

孙佳山, 2021. 人口结构、明星制度视野下的"饭圈"问题——历史性挑战及其影响 [J]. 中国文艺评论（10）：26-32.

王传珍, 2017. 知识付费奇点与未来 [J]. 互联网经济（Z1）：68-73.

俞立平, 张矿伟, 张再杰. (2022). 情报学在新文科建设中的作用及其思考 [J]. 现代情（3）：3-10, 76.

张宇星, 李贵才, 2021. 基于CiteSpace的粤港澳研究脉络可视化分析 [J]. 热带地理（1）：177-189.

赵蓉英, 许丽敏, 2010. 文献计量学发展演进与研究前沿的知识图谱探析 [J]. 中国图书馆学报（5）：60-68.

赵宜，2019. 范式或景观：对近十年来中国电影跨媒介生产的回溯观察 [J]. 当代电影（7）：157-161.

郑敬斌，任虹宇，2022. 娱乐明星崇拜情境下主流意识形态的传播境遇与优化：基于角色理论的分析 [J]. 山东大学学报（哲学社会科学版）（2）：59-67.

郑欣，2008. 平民偶像崇拜：电视选秀节目的传播社会学研究 [J]. 北京：中国传媒大学出版社.

中国数字出版产业年度报告课题组，张立，王飚，等，2017. "十三五"开局之年的中国数字出版——2016—2017中国数字出版产业年度报告主报告（摘要）[J]. 出版发行研究（7）：5-10.

周懿瑾，黄盈佳，梁诗敏，2020. "粉与被粉"的四重关系：直播带货的粉丝经济探究 [J]. 新闻与写作（9）：29-35.

朱亮，孟宪学，2013. 文献计量法与内容分析法比较研究 [J]. 图书馆工作与研究（6）：64-66.

CHEN C, 2004. Searching for intellectual turning points: progressive knowledge domain visualization [J]. Proceedings of the national academy of sciences, 101 (suppl): 5303-5310.

CHEN C, 2017. Science mapping: a systematic review of the literature [J]. Journal of data and information science, 2 (2): 1-40.

JENKINS H, 1992. Textual poachers: television fans and participatory culture [M]. London: Routledge.

JINDRA M, 1994. Star trek fandom as a religious phenomenon. Sociology of religion [J]. 55 (1): 27-51.

超语视域下外语复合型专业课程教学媒介语研究
——以四川外国语大学商务英语专业为例

王振欣[1]　熊倩[2]

摘要：外语复合型人才培养是我国外语人才培养适应国家人才需要的重要方向。外语复合类专业下设置的外语复合型专业课程旨在培养学生外语能力以外的专业能力，并能与学生的外语能力有机结合，最终达成外语复合型人才的培养目标。通过运用课堂观察法、访谈法和Q方法，本研究调查了四川外国语大学商务英语专业设置的外语复合型专业课程中的教学媒介语使用现状和师生态度，发现学生教学媒介语态度反映了学生基于未来职业生涯规划所产生的教学媒介语诉求，这与教学过程中的一些主客观因素（如教师教学媒介语态度、课程目标、课程难度等）共同影响着教师教学媒介语的选择与超语实践的效果。本文认为，在外语复合型专业课程的教学过程中，应该消除传统观点中不同语言相对立的观念，合理发挥学生语言储备中的所有语言知识，促进此类课程对学生专业能力的培养与外语能力的提高。超语实践打破了语言教学传统观念中"语言间彼此相对立""目标语最大化输出"等观点的束缚，可以指导外语复合型专业课程的教学媒介语选择，从而为外语教学以及外语复合型人才培养实践进一步赋能。

关键词：复合型人才；商务英语；教学媒介语；超语实践；Q方法

1　王振欣，四川外国语大学英语学院在读博士生，研究方向为词典学、商务英语、语言政策与规划。
2　熊倩，重庆外语外事学院英语学院助教，硕士研究生，研究方向为教育语言学。

Exploring the Medium of Instruction in English Comprehensive Professional Courses from a Translanguaging Perspective:
Taking SISU as an Example

WANG Zhenxin   XIONG Qian

Abstract: In accordance with the needs of talents in China, the cultivation of English comprehensive talents serves as an important plan for China's English talents' cultivation. English comprehensive professional course is a series of core courses set up by English comprehensive majors, which aims to develop students' professional capacity other than English proficiency. Combining with students' English proficiency, it finally tries to reach the goal of comprehensive talents cultivation. By applying classroom observation method, interview method, and Q-sorting method, this thesis investigates medium of instruction usage and attitude from both teachers and students in the English comprehensive professional course arranged by the school of Business English, SISU. It is found that students' medium of instruction attitude can reflect their medium of instruction appeal based on the planned future career, which is interacted with other subjective and objective factors (eg. Teachers' medium of instruction attitude, course objectives, course difficulties, etc.) in the teaching process. These factors together affect teachers' choice in medium of instruction and the effectiveness of translanguaging. We believed that in the teaching process of English comprehensive professional course, the opposition of different languages should be eliminated, and students' bilingual knowledge repertoire should be rationally utilized to promote the improvement of their language proficiency and professional capacity. Translanguaging has broken the traditional principle of language opposition and maximal output of the target language, thus playing a directive role in choosing the medium of instruction in English comprehensive professional courses, and could further empower English language teaching and English comprehensive talents cultivation practice.

Key words: comprehensive talents; Business English; medium of instruction; translanguaging; Q-sorting method

1 引言

外语复合型人才是新时期我国外语人才培养的要点所在。国家教委早在2000年修订的《高等学校英语专业英语教学大纲》中就明确指出，我国外语人才培养在注重英语语言基础和文化知识的同时，要着力与培养在外事、经贸、科技、教育等重点领域从事翻译、教学、管理、研究等工作的英语复合型人才。新时期，为顺应"一带一路"建设要求中"走出去"的关键构想，外语人才亟需完成从"内向型"到"外向型"的转型转向，只有处理好培养语言能力与其他专业能力的组合关系，才能促使外语复合型人才全方位、多领域服务于科技、经济、文化交流与建设（沈骑，2015）。

外语复合型课程是外语复合类专业下设置的除外语技能培养以外的专业课程，是践行外语复合型人才培养的关键（王立非、宋海玲，2021）。尽管外语复合型人才培养的目标已上升到国家层面，"外语+专业"的人才培养模式也逐渐受到学界的关注和重视（胡开宝、王晓莉，2021；孟庆楠、罗卫华、曾罡，2022；罗选民、梁燕华、叶萍，2013），但我国的外语复合型课程仍处于初步探索阶段。外语复合类专业课程的数量、相应专业的选择、不同专业的配比均是我国外语教育规划迫切需要厘清的议题（胡文仲，2011）。不仅如此，在近年来"外语工具论"大行其道的同时，一批学者（黄源深，2010；孙有中，2011；文秋芳，2019；杨金龙、沈骑，2021）正逐渐关注到外语复合型课程对学生人文素养、思辨能力等方面的损害，外语类专业"语言文学""人文思辨"等本质内涵的追根溯源正在对外语复合型课程提出新的问题与挑战。总体来说，现有的外语复合型专业课程相关研究基本都是围绕此类课程顶层设计的质性研究，而有关该类课程实践现状的实证研究，特别是有关课堂教学媒介语使用的研究仍旧阙如，因此，本研究将在超语视域下对外语复合型专业课程进行实证调查，以期能对此类课程的教学媒介语使用进行全面的分析与探讨。

2 教学媒介语研究综述

教学媒介语特指教师和学生在课堂上使用的语言（李宇明，2016）。王立非、宋海玲（2021）认为：外语复合类专业课程重在学习相关学科的方法论和知识框架，不应盲目追求学科内容的"博大精深"，应坚持使用英语或双语教学。《普通高等学校本科商务英语专业教学指南》（以下简称《商英指南》）中指出，商务英语专业复合类专业课程体系设置中，商务类课程是贯彻学科交叉的"新文科"理念的关键，并要求商务类课程内部需完成"内容复合"。可见，将外语引入课堂的教学媒介语也是外语复合类专业设立的内涵使然。

有关外语课程中的教学媒介语问题，学界主要存在两种声音，可以概括为外语教学中的单语主义与多语主义。受到"语言纯净"观念的影响,单语主义者多将多语言的混用、转换视作对语言的污染(李颖,2018;Wei & Lin,2019),不利于目标语的教学,因此他们大都主张目标语单语教学模式。例如:俞理明、袁笃平(2005)以加拿大渥太华大学倡导的"依托课程内容的语言教学法"为蓝本,论证了教师使用全英文进行授课是培养复合型专业人才的必要条件。蔡基刚(2010)的研究发现,尽管学生的外语水平是影响全英文教学效果的重要因素,但应该基于大学英语教学的理念,从改变学生观念入手,逐步过渡到全英文教学。Kelly(2015)认为,使用目标语的单语教学模式对外语学习大有裨益,只是单语教学的相关原则还有待开发,目前用于指导外语教学还略显单薄。事实上,在我国,教师能否使用目标语单语进行外语教学常被视为其"专业性"的体现,频繁的语言切换往往不被学生与教师接受,也违背了"目标语最大输出"原则。

受到"语言生态观"的影响,教学媒介语的多语主义者们(Neuner,2004;Cummins,2007;Haukas,2016;Gopalakrishnan,2022)都将外语课堂视作一个开放的生态系统。系统外部,学习者的个体因素、教师的教育背景与认识论、当地文化习俗以及教育政策等因素,与外语课堂教学共同织就一张"外语学习生态网",而决定系统内部的教学媒介语使用需要考虑到外部因素的影响。因此,根据课堂实际需要使用多语进行教学可以调动学生的"源语言知识"有助于促进语言知识的"滚雪球"式积累。姜宏德(2004)提出的"浸润式"双语教学模式主张在确立目标语的教学媒介语支配地位的同时,也强调了学生母语在课堂中的辅助价值。有实验表明,在外语课堂中,单语主义会阻碍教师的阐释和学生的理解,导致师生交流减少,此外,由于教师在课堂中专注于语言形式的规范性和一致性,他们对课程内容的关注度大幅削减,也倾向于减少授课过程中教学策略的使用与转换,降低课程内容的深度与广度(Klaassen & De Graaff,2001;Airey & Linder,2006)。威尔士教育学家C. Williams(1996)曾在其课程中构建了一种名为超语教学的教学模型,主张保护和发挥双语者及多语者的语言权力和语言资源,帮助其语言发展和课堂知识吸收。由于打破了原有的语言结构系统和学科知识框架,超语教学在多语教学领域具有划时代的意义（梁端俊，王平，2020）。

教学媒介语作为外语教学中的重要参数，一定程度上可以决定语言教学的效率和效果，因此，有关外语教学媒介语的研究通常基于以上两点展开。在选择教学媒介语时，除了以学生语言能力培养作为价值导向，承载语言的知识、文化等内容也应该逐渐受到重视，特别是在外语复合型人才培养的过程中，毕竟只有同时具备一定的外语表达能力、跨文化交际能力以及对于相关文化知识的承载，才能胜任"语言文化传播者"的新角色。综上所述，本研究以四川外国语大学商务英语专业的商务类课程为主要研究对象，通过对课程中的教学媒介语使用，授课教师和学生对于教学媒介语使用的态度进行调查，对三者的现状和存在的问题进行分析，并试图从超语视角入手，对外语复合型专业课程的教学媒介语使用提出调适性建议。

3 研究设计

3.1 研究问题

为了调查四川外国语大学商务英语专业下的商务类课程中的教学媒介语使用情况，以及师生双方对于课堂中的教学媒介语使用的态度与看法，从而提出相关的调适建议，本研究设置了以下三个问题：

（1）四川外国语大学商务英语专业商务类课程的教学媒介语使用现状如何？

（2）哪些因素会影响该类课程教学媒介语的选择？

（3）该类课程的学生对于教学媒介语使用的态度如何？

3.2 研究方法

（1）课堂观察法。

针对问题（1），本研究主要采取课堂观察法，即研究者经过授课教师同意后，进入所调查课堂进行调查。根据外语复合型专业课程的内涵，本研究选择了四川外国语大学商务英语专业开设的五门商务类课程作为研究对象，即国际商务谈

判、市场营销、跨文化商务交际、微观经济学和国际商事仲裁法。

　　为了尽量减小研究者在场对于师生行课的影响，研究者在课堂观察时并未告知授课教师观察的具体内容，并尽量选取后排位置进行观察。通过两个课时的观察，研究者掌握了各门课程的教学媒介语使用的大致情况，作为课堂观察的置性证据。为了量化课程中的教学媒介语使用情况，研究者对每门课程的两个连续课时进行录音，并将录音文件通过Nvivo软件进行标注，最终形成有关外语复合型专业课程教学媒介语使用的量化数据，观察者随后将对于该课堂的教学媒介语的置性证据与量化数据相对比，最终五门课程教学媒介语使用情况的质性证据与定量数据均匹配，可以作为问题（1）的数据来源。

　　（2）访谈法。

　　为了解所调查课程的授课教师教学媒介语使用的影响因素，研究者在课堂观察后对5位授课教师就相关话题开展了半结构式访谈。访谈形式以当面交谈为主，线上交流为辅，每次访谈时间控制在20～30分钟以内，每位教师采访2～3次。采访问题包括：您认为您所授课程的教学媒介语使用现状是怎样的？您认为您所授的课程应该使用哪种教学媒介语进行教学？您认为使用单语/双语进行教学有何种优势/困难？线下采访的内容同样由研究者进行录音后导入Nvivo软件进行标注，作为本研究问题（2）的置性分析材料。

　　（3）Q方法。

　　Q方法，也被称为Q分类（Q sorting）方法，是心理学、管理学、教育学、临床医学等领域广泛应用的一种量性结合的研究方法，近年来也被引入应用语言学的相关问题研究（郑咏滟，2023）。Q方法的优势在于它只需要对小样本的研究调查，通过因子旋转和主成分分析法即可产出大量研究者预期外的数据与结果。研究过程一般不设置主题，以受试作为研究的主要变量，可以排除研究者的主观先验观念对研究的影响。因此，Q方法是一种适合开放性探索分析的客观主体性研究方法（景飞龙，2020）。

　　Q方法的运用主要是为了解决问题（3），根据Q方法操作的基本步骤，在本研究中主要分两步渐次展开，即外语复合型教学媒介语的Q汇论收集和Q汇论分类排序。为保证Q汇论收集来源的多样性，研究者首先调查了大量教学媒介语的有关文献，并在文献中提取了所有教学媒介语使用的观点。通过总结、解释、改写等方法，将以上观点分别凝练为若干条方便理解、简明扼要的Q汇论，并形成初级Q汇论样本1。然后，研究者召集40余位所调查课程的学生，并引导其由3～5位一组组合成无领导小组，针对外语复合型专业课的教学媒介语问题进行讨论，讨论过程全程录音。讨论结束后，研究者将录音文件进行转录、标注，并根据转录内容再次对学生主要观点进行总结与凝练，最终形成初级Q汇论样本2。研究者将样本1和样本2中的共54条Q汇论结合并打乱顺序，交予相关领域的专家进行评议、修订，确保汇论的代表性和有效性。修订完成后，运用"德尔菲法"分别交予三位专家，对54条Q汇论进行反复筛选整合，最终确定34条Q汇论作为本研究的Q汇论最终样本。

Q汇论的分类排序过程首选按照该年级的男女比例随机挑选出34位愿意配合参与本次调查活动的学生。按照要求，被试首先通读Q汇论最终样本中的34条Q汇论，并与研究者沟通确保个人的理解无误。然后，要求被试将34条Q汇论的序号按照个人同意与否填入以下表格

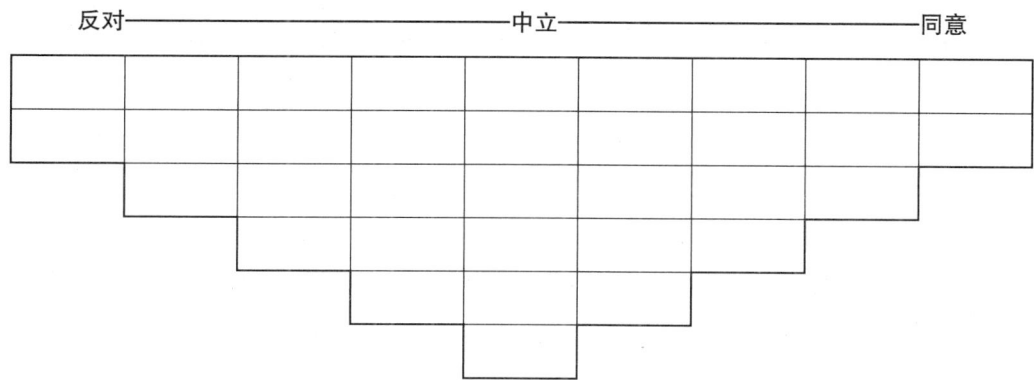

研究者将所有表格收集整理后，将遗漏Q汇论、重复排列、表格污损等情况判定为废卷，最终共收集得到30位被试的有效Q排序数据。在将30位被试的数据输入基于R软件的Q方法工具包q-method后，利用形心萃取法（Centroid extraction）提

取出数据中的前三个因子，形成三类不同的学生外语复合型专业课教学媒介语态度，并根据各被试方差极大旋转后的因子负荷量将其归类于三类态度下，随即由研究者对三个因子所代表的教学媒介语态度进行阐释。最后，研究者对三种教学媒介语态度中的典型被试进行后续访谈，访谈材料用于佐证研究者对于学生教学媒介语态度的阐释内容。

4 数据统计与分析

4.1 外语复合型专业课程教学媒介语使用现状

2021年9月至2021年11月期间，研究者选取四川外国语大学商务英语学院的商务类课程作为研究对象，以探究外语复合型专业课程的教学媒介语使用现状。在课堂观察的过程中，经授课教师同意，研究者对教师授课中的教学媒介语进行了录音，最终收集得到约445分钟的录音材料，通过将录音材料输入Nvivo软件进行转录与标注。最终统计得到的教学媒介语使用情况如表1所示。

表1 外语复合型专业课程教学媒介语使用概况

课程	国际商务谈判	市场营销	跨文化商务交际	微观经济学	国际商事仲裁法
英语（%）	42.6	4.7	32.2	8.1	12.8
汉语（%）	57.4	95.3	67.8	91.8	87.2

从表1的结果来看，所有本研究涉及的外语复合型专业课程教师均使用了英汉双语进行授课，且在课堂中汉语的使用比例均大于英语。横向对比来看，五门课程教学媒介语使用的英汉比例彼此之间差异较大，英语作为教学媒介语的比例由高至低依次为国际商务谈判、跨文化商务交际、国际商事仲裁法、微观经济学、市场营销。其中，国际商务谈判、跨文化商务交际两门课程所使用到的英语教学媒介语比例较高，分别达到了42.6%和32.2%，其余三门课程的英语教学媒介语使用比例较低，按照比例由高至低分别为12.8%、8.1%、4.7%。市场营销、微观经济学和国际

商事仲裁法三门课程的汉语教学媒介语使用比例分别为95.3%、91.8%和87.2%，均超过了15%，这说明以上三门课程的专任教师绝大多数情况下是使用汉语来进行授课，英语极少作为教学媒介语参与教学。

研究者通过对课堂中的英语教学媒介语进行转录，并将转录结果与任课教师以及相关领域专家进行交流。基于教师使用教学媒介语的目的与场景等因素，对外语复合型专业课程中的英语教学媒介语的使用进行了细分。

专业术语：主要是指专业课程中的一些专有词，其中有相当一部分是属于该课程的重点考试内容，要求学生进行记忆。这些词汇的英文表达通常来讲比其汉语表达更为常见，通常是以英文词汇夹杂在汉语语句中的形式进行使用。

内容阐释：通常是指教师使用英文对于重点知识、概念等课堂内容进行阐释，目的在于使学生理解、熟悉课程内容的英文表达。内容阐释类的英语教学媒介语使用通常是以完整的英文句子的形式呈现在课堂中。

翻译解释：教师在课堂中首先使用汉语对课堂内容进行阐释后，又随即使用英语对阐释后的内容进行二次解释。翻译解释类的教学媒介语的主要起到确保学生理解、帮助学生熟悉相关概念的英文表达，以及强调相关内容等作用，通常是以汉语—英语转换的形式呈现，且两者所涉及的内容基本相同。

分析讨论：指教师基于课堂概念和知识，使用英语教学媒介语进行逻辑性的分析、推导和讨论。教师使用英文进行分析讨论目的在于锻炼学生在外语语境中的逻辑思维能力，要求学生在语言和关键概念理解的基础上，在教师引导下进行逻辑思考和推理。

材料阅读：指教师对课堂中的一些英文材料（教材文本、多媒体材料等）进行直接阅读。《普通高等学校本科专业类教学质量国家标准》（简称《国标》）规定，外语复合型专业课程需要采用全英文教材进行教学。因此，教师在行课过程中无可避免地会涉及部分英文材料的阅读，也成为英文教学媒介语的组成部分。

课堂管理：指教师使用英语来推进或完成课堂中的不同环节，也包括维持课堂纪律等行为。常见的课堂管理型的教学媒介语包括介绍课程要求、发布课程任务、

提问等。此外,教师使用英文活跃课堂气氛以及指令性话语也被归于此类。

根据以上标准,研究者对授课教师使用的英语教学媒介语进行分类与统计,统计结果如表2所示。

表2 外语复合型专业课程中英语教学媒介语概况(单位:次)

课程	国际商务谈判	市场营销	跨文化商务交际	微观经济学	国际商事仲裁法
专业术语	38	12	41	39	26
内容阐释	11	2	7	0	4
翻译解释	8	1	6	2	0
分析讨论	22	4	17	2	5
材料阅读	19	6	21	4	6
课堂管理	14	0	3	0	3
总计	112	20	136	47	45

根据表2的相关数据,本次调查的五门外语复合型专业课程的任课教师均基于不同的目的和场景使用英语作为教学媒介语,且在具体使用中表现出一定相似点和差异性。首先五门课程都在专业术语、分析讨论、材料阅读这三个场景下使用了英语教学媒介语。五门课程中,跨文化交际使用到的英语媒介语场景次数最多,达到了136次,市场营销使用的英语媒介语场景次数最少,仅有20次。在本研究调查的五门外语复合型专业课程中,英语作为教学媒介语最频繁的使用场景均为专业术语类,而内容阐释、翻译解释、课堂管理三类使用场景整体来讲使用次数较少,有些课程甚至完全未涉及以上类型的外语教学媒介语使用。总体而言,国际商务谈判课程和跨文化商务交际课程所使用到的英语教学媒介语次数较多,而其余三门课程较少。就英语教学媒介语的使用场景而言,五门课程之间彼此差异较大。

4.2 外语复合型专业课程教学媒介语使用的影响因素

本研究对以上五门课程的授课教师进行了半结构式访谈,通过对访谈材料的转录、标注以及横向纵向对比,总结得出了8项影响教师教学媒介语选择的具体因素。基于该因素对于教师采用英汉双语作为教学媒介语起到正向或负面作用,将其分列为促进因素、抑制因素和两面因素,最终结果如图1所示。

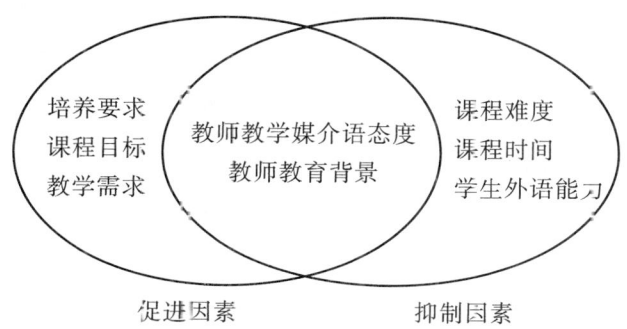

图1 外语复合型专业课程双语教学媒介语使用的影响因素

通过针对教师半结构访谈的比对分析发现,培养要求、课程目标和教学需求三个因素对教师采取英汉双语作为教学媒介语起到促进作用,抑制教师进行双语教学的主要因素则包括课程难度、课程时间和学生外语能力。值得注意的是,教师媒介语态度、教师教育背景两个因素根据教师具体情况可能会同时产生促进和抑制作用,在影响双语教学媒介语使用过程中表现出两面性。

4.2.1 促进因素

《国标》和《商英指南》作为外语复合型人才培养的纲领性文件,对外语复合型专业课程提出的相关要求往往是教师行课过程中需要重点参照的关键要素。《商英指南》中分别在素质、知识、能力三方面对商务英语人才培养提出了相关要求,能力要求层面要求商务英语专业学生具有良好的商务英语运用能力和跨文化商务沟通能力。商务英语能力包括能在国际商务活动中,能理解英语口语和书面语传递的信息、观点、情感;能使用英语口语和书面语有效传递信息,表达思想、情感,再现生活经验,并能注意语言表达的得体性和准确性。跨文化能力则要求学生能有效和恰当地进行跨文化沟通;能帮助不同文化背景的人士进行有效的跨文化沟通。若遵照《商英指南》对人才培养的相关要求,外语复合型专业课程须做到语言与专业知识、专业能力的有机结合，而不仅仅是将语言学习和专业知识与能力培养相割裂开，分别进行教学。有教师表示："咱们专业的学生既要跟一般的英语专业区别开来，又要跟其他商科、法学专业区分开来，这就要求我们必须要并重专业知识和外语，双语授课是很有必要的。""使用哪种语言授课这个问题，商务英语专业本身这个名字就给出答案了，而且不光是外语课，专业课也是跟外语高度相关的，光用汉语上肯定不行。""商务英语专业说到底是英语专业，专业知识应该作为语言的载体，两者应该是相辅相成的。"可见，根据授课教师对专业人才培养要求的理解，外语是商务英语复合型人才培养的基点，汉语单语授课始终不符合外语复合型专业课程的内在逻辑，因此人才培养专业要求一定程度上促进了教学媒介语从汉语单语到英汉双语的转化。

外语复合型专业课程的教师往往会基于自己对课程所设立的教学目标，采取与之相匹配的教学媒介语策略，来确保最终的教学效果符合预期。除了遵循纲领文件中对复合型人才培养整体要求，教师对所授课程课程目标的把握同样是双语教学的动因之一。根据访谈结果，专业课程教师针对学生的专业知识与专业应用能力设定了目标，而双语教学是作为培养学生专业应用能力的重要手段。例如，有教师表示："跨文化商务交际说到底还是要落到实践活动中来，所有的知识、理论都是为实践服务的，而跨文化商务交际活动中外语又是基础，所以我支持主要用英语授课，用汉语进行补充说明。""我更倾向于用英语来上课，我这门课肯定离不开英语，除了一些难点和重要知识点我会用中文解释以外，其他我都是用英语讲，给学生营造真实的语言环境很重要，但也要考虑教学效果，以前我们采用过全英文教学，最终效果也不太让人满意。"

除商务英语专业人才培养要求和教师对所授课程目标的整体把握两个因素以外，外语复合型专业课程在行课过程中的教学媒介语使用需求同样促使教师采取双语教学。具体的教学需求可以是多样的，如强调内容、加深理解、营造课程氛围、课程内容需要等，但总体而言，出于课堂教学需求，双语教学被视作一项提高课堂效率的重要手段。例如，相关教师谈道："我这节课倒不是为了提高学生英语能力而设的，经济学的相关理论和概念对于咱们语言专业的同学来说并不容易，我一般用中文讲，但咱们专业领域的一些术语一般是采用英文表达，这些术语在商务环境中也是常见的，所以上课过程中也会使用到英文。""我一般都是中英文切换，很多时候是汉语讲一遍、英语讲一遍，方便学生理解，也能让学生将相应的英文表达对应起来。"

4.2.2 抑制因素

从访谈收集得到的结果来看：课程难度、课程时间与学生的外语水平三个要素是抑制教师选择双语作为教学媒介语的主要因素。值得注意的是，三个要素彼此之间关联互动，在一定程度上可以相互转化。三个因素往往会形成一个综合性的参数，教师最终以参考综合性参数的方式在考量教学媒介语选择时引入三者，通过这种方式，课程难度、课程时间和学生外语水平三要素共同阻碍着教师选择双语教学。

课程难度是教师最频繁提及的双语教学抑制因素，在一定程度上可以决定性地否定外语教学媒介语在外语复合型专业课程中的应用。有教师表示："这门课涉及很多的逻辑分析和推理，有时候还会涉及一些数学知识和运算，咱们的同学都是学外语的，都是文科专业，所以对于咱同学来说还是不容易，有些概念用中文讲同学们理解起来都有难度，更不要说用英文了。""我个人还是比较喜欢用英语上课，我教的这门课也离不开英语，但是一些比较复杂的、专业性很强的谈判策略和技巧就必须用中文讲，我也试过中英结合来讲，但是学生们理解起来也有困难，经常听得云里雾里的。"

在谈及课程时间时，有教师表示，每周两课时的课程安排对于其需要教授的内容来讲稍显不足。根据课堂观察，课程时间相对匮乏时，教师主要采取的手段是对重点章节进行详细讲授，而相对略过课程中的非重点章节，而在这种情况下，教师往往不会有意将课程的专业知识与外语相结合，以此达到节省课堂时间的目的。例如，有教师认为："这本书（指授课教材）的内容很多，其中有一些是要重点讲的，其他可能就很快地带过，不然肯定是讲不完的，所以我的课上应该英语用的很少,总的来说时间不够。""一般用汉语上课的话讲得肯定要快一些,英语授课要保证同学们听懂的情况下,会相对多花很多时间,如果想多讲一点内容的话,单用汉语讲就可以了。"

除了课程本身的特点,课程受众的外语能力也极大地阻碍着双语教学的践行。教师在选择教学媒介语时往往会根据学生的课堂反应进行调整,而学生的课堂反应往往是动态的,其中的一项重要影响因素就是外语水平与外语能力。根据访谈内容,有教师谈道:"我会根据学生的课堂表现来选择用英语还是汉语讲课。特别是我感觉我用英语讲课学生有点分心的时候,我就会用汉语去重新说一遍。学生的外语能力,特别是听力水平很大程度上决定我用不用英语讲课。""我主要用汉语上课,但是我们这堂课有很多英语的专业词汇,这很考验学生的词汇量,还有一些熟词生义,咱们专业同学们的外语水平普遍还是不错,所以我不用担心说英文的词汇他们听不懂。""法律英语本来就是英语里面比较难的,我一般会根据学生的反应来决定怎么讲课,用英语讲的话,外语基础好的同学很快就能适应,但还是有一部分同学跟不上,有些时候索性就只用汉语讲了。"

4.2.3 两面因素

教师媒介语态度和教师教育背景两个因素相对于其他因素而言作用方式更加复杂。同样作为影响教师教学媒介语使用的重要因素,教师媒介语态度和教师教育背景在影响教学媒介语时并未展现出影响效果上的一致性,最终表现结果彼此差异较大。因此,两个因素在作为影响因素分析教学媒介语使用时,不能将两者直接归纳为双语教学的促进或抑制因素,而需要结合现实情况进行考察。

教师的媒介语态度是指教师对于在课堂中使用某种教学媒介语的所有观点与看法。个人的语言使用往往受到语言态度的影响,而教师的教学媒介语态度对其课堂媒介语的选择也往往起到深层次的作用。教学媒介语态度通常是隐性的,在采访过程中,教师常无法对自己的教学媒介语态度进行清晰界定,但却普遍认同教学媒介语态度对于教师双语教学的重要作用。例如,有教师表示:"有些老师喜欢用英语讲课,上课的时候英语就用的多些,我们这种类型的专业课没有硬性规定,很多时候就看老师自己的意愿。""我自己的话会有意在课堂上多说英语,其他老师我不清楚,老师们各有各的习惯,有些就是不喜欢说英语。""好多年轻老师喜欢用英语上课,上了年纪的老师有些喜欢用汉语,用汉语讲起来要容易一些。"

教师教育背景主要包括授课教师的专业和教师是否有留学经历两方面。教师专业方面,拥有外国语言文学类专业学习经历的教师更倾向于在教学时使用双语作为教学媒介,而教育背景中有过留学背景的教师也更倾向于在教学中使用英语,由于汉语仍是外语复合型专业课程最主要的教学媒介语,所以留学背景一定程度上促进了双语教学的践行。譬如根据访谈内容:"我一般就是汉语讲课,我本身也不是学外语专业的,英文讲得一般,不像好多老师是英语专业的,科班出身。""用外语讲课其实难度不小,很多老师可能还适应不了,用外语交流可能还是个问题,特别是有些老师不是学外语的,在国外留过学的老师应该不存在这方面的问题。""可能是因为之前在国外读书的原因,我喜欢用英语上课,很多内容要转换成汉语还比较麻烦,很多学生开始不适应,慢慢也就习惯了。"

4.3 学生对于外语复合型专业课程教学媒介语使用的态度

鉴于商务英语学院的外语复合型专业课程主要开设在大三年级,本研究选取了商务英语学院的大三和大四学生作为被试对象,并对最终版本的Q汇论合集交予被试进行Q排序。研究者将收集到的数据输入Q方法专用的分析工具包q-method,利用工具包自带的主成分分析法、相关系数矩阵和特征值,最终从运算结果中提取出前三个因子。三个因子的累计方差解释比为71.8%。根据检验因子载荷值检验公式 $2.58\times(1\div\sqrt{N})$,研究者对全部被试进行分类。当单个被试不满足其中任何一个因子的单个荷载值或满足两个以上因子的荷载值时,则将该被试作为无效被试排除在外。最终,研究者共采集到25位有效的Q排序被试,并根据各因子下被试排序的较高命题和较低命题对该被试所属类型进行阐释,进而凝练3个因子所代表的3种学生态度类型的主要观点。研究者将3种类型的学生态度归纳为外语应用导向型、外语语言导向型和专业知识导向型。在分类完成后,研究者后续联系到各类型被试学生中的典型代表进行追踪访谈，访谈结果应用于佐证阐述以及开展辅助性分析。

4.3.1 外语应用导向型

矩阵因子旋转的结果显示（见表3、表4），25名被试学生中有9名学生与因子1呈现强相关性，根据9位被试表现出的相似特征，研究者将其归纳为外语应用导向型。此类学生的共同点体现在对商务英语专业的复合型人才培养模式的高度认同感，在学习外语复合型专业课程时注重外语与专业知识的结合。外语应用导向型的学生群体普遍对双语教学持支持态度，他们大多认为汉语作为学生的母语，可以辅助学生对课堂内容的理解，而使用外语可以达到和专业知识相结合，最终能够达到提升学生在工作场景中的外语应用能力的目的。

表3　与因子1呈强相关的受试排序结果

反对				中立				同意
−4	−3	−2	−1	0	1	2	3	4
S19	S20★	S5	S2	S4★	S9	S1	S3	S13★
S25	S26	S6	S11	S23★	S15	S8	S12	S34★
	S28	S7	S16★	S24	S17	S18★	S14★	
		S10★	S22★	S27	S21	S31★		
				S29	S32	S30		
				S33				

注："★"号代表汇论 $p<0.01$，表示汇论在该组中具有统计学上的显著意义。

表4 与因子1呈强相关的受试极值命题

命题序号	得分	命题内容
13	4	教师在结合使用汉语和英语进行英语复合型专业课程教学的过程中，课堂氛围会相对轻松。
34	4	教师在课堂上根据不同环节和不同内容结合，灵活使用汉语和英语，可以发挥两种语言的优势，课堂的效率和质量都能得到有效提升。
19	-4	外语只是一种工具，外语能力的培养可以与专业知识的传授相分离，因此在英语复合型专业课程中应当使用师生的母语汉语来进行授课来保证课堂效率。
25	-4	我认为在我们的课堂上应该禁止使用汉语，教师和学生都只用英文进行交流。

从排序结果来看，外语应用导向型的学生群体对双语教学的乐观态度体现在，他们认为教师在结合使用汉语和英语进行英语复合型专业课程教学的过程中，课堂氛围会相对轻松（S13★：4）；与此同时，他们也普遍认为教师在课堂上根据不同环节和不同内容结合，灵活使用汉语和英语，可以发挥两种语言的优势，课堂的效率和质量都能得到有效提升（S34★：4）。而面对全英文教学媒介语的授课方式时，学生们通常表现出怀疑态度。例如，外语学习并非是对于语言结构的反复练习，而是基于其他学科文化所构建的知识体系，因此，外语复合型专业课程应当采取全英文授课的方式（S20★：-3）。这一观点在该学生群体中明显得分偏低。

研究者针对该群体的典型范例开展的跟踪访谈验证了以上观点。接受采访的是一名即将毕业的大四年级学生，他表示："我们作为商务英语专业的学生，外语肯定还是我们最大的优势，在保证自己良好的外语水平的同时，要跟其他英语专业的学生区分开来，能够迅速走向职场，就得有在工作环境中运用外语的能力。同学们毕业后参加工作，外语能力普遍都比较出众，但应用外语参与工作的能力基本都还有欠缺。全英文授课的话，同学们上课很费力，老师上课的时候可以用外语还原工作场景，有必要时也可以用汉语解决一些更加复杂的问题。"

据悉,该毕业生已与某跨国企业签订工作合同,未来将驻外进行商务业务拓展工作。

4.3.2 外语语言导向型

根据矩阵因子旋转的结果(见表5、表6),共有10名学生表现出与因子2的强相关性。这部分学生群体对其所在专业的外语属性具有较强的认同感,认为外语语言学习在外语复合型类专业课程中仍是重心所在,对外语学习以外的专业知识关注度不足,研究者将其归纳为外语语言导向性。这类学生普遍认同教师全英文教学的做法,认为英语单语教学有助于自身外语能力的提升,倾向于忽视母语汉语在教学过程中的媒介语作用。

表5　与因子2呈强相关的受试排序结果

反对				中立				同意
-4	-3	-2	-1	0	1	2	3	4
S2*	S5	S1*	S3*	S6*	S9	S7*	S29*	S4
S19	S10*	S14*	S11	S8	S16*	S15	S30*	S20*
	S18	S21*	S23	S12*	S17	S22	S33*	
			S28	S32	S13	S24	S26*	
				S34	S25*	S31		
				S27				

注:"*"号代表汇论 $p<0.01$,表示汇论在该组中具有统计学上的显著意义。

表6　与因子2呈强相关的受试极值命题

命题序号	得分	命题内容
4	4	教师使用纯英语进行英语复合型专业课程教学,学生的英语水平可以得到很大提升。

续表

命题序号	得分	命题内容
20	4	外语学习并非是对于语言结构的反复练习，而是基于其他学科文化所构建的知识体系。因此，外语复合型专业课程应当采取全英文授课的方式。
2	-4	教师在英语复合型专业课程中应该完全使用汉语，这样有利于学生掌握课程的专业知识。
19	-4	外语只是一种工具，外语能力的培养可以与专业知识的传授相分离。因此，在英语复合型专业课程中应当使用师生的母语汉语进行授课，以保证课堂效率。

根据与因子2呈强相关的受试排序结果，外语语言导向型的特点在于该群体在外语复合型专业课程中偏好英语教学媒介语而排斥汉语教学媒介语，这类学生对于两类教学媒介语的态度差异最为显著。例如，他们认为外语学习并非是对于语言结构的反复练习，而是基于其他学科文化所构建的知识体系，因此，外语复合型专业课程应当采取全英文授课的方式（S20*：4）。此外，该群体还普遍支持教师在教学过程中应该根据学生的外语水平选择教学媒介语，并随着学生外语水平的提高逐步过渡到全英语教学（S29*：3），认为英语复合型专业课程中的专业术语应该主要使用英文，以此促进学生专业外语知识语言体系的构建（S30*：3），而对于商务英语专业的学生要发展自己的外语优势，就应该在学习专业知识的同时大量接触外语，所以教师应该主要用英文授课（S33*：3）也主要持认同态度。外语语言导向型的学生对使用汉语作为教学媒介语表现出明显抗拒情绪，在以下两条汇论下得分较其他类型学生偏低：教师在英语复合型专业课程中应该完全使用汉语，这样有利于学生掌握课程的专业知识（S2*：-4）。教师仅使用汉语进行英语复合型专业课程教学，可以对于课堂专业内容进行深挖，丰富学生的专业知识（S10*：-3）。

研究者寻访到的外语语言导向型典型范例是一位大三年级的学生，该学生在英语专业四级考试中获得"优秀"等级，外语水平列年级前茅，她在访谈中谈道："我总觉得我们商务英语专业和其他一般的英语专业（英语语言文学专业、翻译专业）没有怎么区分开来，都是参加一样的专四、专八考试，毕业的时候也都是一样的毕业证书。毕业以后，不管是工作了还是接着读书，英语能力都是我们的核心竞争力，所以我们的专业课也要以提高外语水平为主。还有，咱们同学基本都通过了专四考试，用英语上课应该没什么大问题。"

该同学的未来规划是考取外国语言文学专业研究生，毕业后有意在中学任英语专任教师。

4.3.3 专业知识导向型

通过因子矩阵旋转（见表7、表8），6位学生与因子3呈现出较强的相关性，6位同学的主要表现为他们对外语复合型专业课程中的专业知识更为注重，而倾向于忽视此类课程对自身外语能力发展的作用。该群体更看重课堂中的各种环境因素，而对于课堂的教学媒介语方面，他们对英汉两种语言并没有表现出特定的喜好特征。相反，他们支持教师以灵活选择使用课堂中的媒介语的方式来消除教学中的语言壁垒，营造最为舒适的知识学习环境。值得注意的是，该群体对母语汉语在课堂中的使用最为包容，认为其有助于师生在专业知识领域的深入探讨。

表7 与因子3呈强相关的受试排序结果

反对				中立				同意
-4	-3	-2	-1	0	1	2	3	4
S9*	S6	S5	S2	S11	S1	S4	S10*	S3
S18	S23	S7	S17	S14*	S13	S8	S15	S12*
	S25	S26	S20*	S21	S19*	S22	S16	
		S28	S30	S31	S27	S24		
			S33	S32	S29			
				S34				

注："★"号代表汇论 $p<0.01$，表示汇论在该组中具有统计学上的显著意义。

表8 与因子3呈强相关的受试极值命题

命题序号	得分	命题内容
3	4	教师在英语复合型专业课程中结合使用汉语和英语，有利于发展学生在工作环境使用英语的能力。
12	4	教师结合使用汉语和英语进行英语复合型专业课程教学，可以使教学过程非常灵活，促进学生对专业知识的理解。
9	-4	教师仅使用汉语进行英语复合型专业课程教学，不符合商务英语的外语学科定位。
18	-4	在英语复合型专业课程课堂上，教师使用纯英语进行教学，会削弱师生间的和谐关系与互动，因此教师不可避免地进行长时间独白。

与因子3的强相关被试的排序结果显示，专业知识导向性的学生大多支持教师结合使用汉语和英语进行英语复合型专业课程教学，认为这样可以使教学过程非常灵活，促进学生对于专业知识的理解（S12★：4）。由此可以看出这部分学生特别关注课堂环境和课程中各个环节的转换，注重各课程中专业知识的传递与吸收，而对教学媒介语的选择的关注度明显不足。该群体对汉语作为教学媒介语的接受度普遍较高，例如他们普遍支持教师仅使用汉语进行英语复合型专业课程教学，可以对课堂专业内容进行深挖，丰富学生的专业知识（S10★：3）。而对于教师仅使用汉语进行外语复合型专业课程教学，不符合商务英语的外语学科定位的论述，专业知识导向性的学生表现出显著的排斥情绪（S9★：-4）。

研究者随后寻访到的第三类人群典型范例是一位大三年级正在备考研究生考试的学生，她在访谈中表示："其实用英语还是汉语教学都无所谓，教学媒介语不过就是个传输知识的中介，只要老师用起来方便，学生能听懂就行了，用汉语教学肯定大家听得都要明白一些，但是有些时候用英语也有好处，比如说加深同学们的印象啊，提高同学们的外语水平啊一类的，我是觉得最终目的肯定是要保证学生能听懂，不然这些课程就没太大意义，干脆都换成英语课算了。"

该生预备跨考法学类专业，理想是毕业后进入律所从事律师工作。

5 研究启示

通过本研究的调查数据和分析可知,本研究所调查的五门外语复合型专业课程都将英汉双语作为课程的教学媒介语,且汉语在其中占主要地位。其中,英语教学媒介语出现在五门课程中的各个场景中的次数各不相同,彼此之间差异较大。教师方面,影响其选择教学媒介语的因素较多,研究者将其按照对于是否利于教师推进双语教学分类归纳为促进因素、抑制因素和两面因素。至于学生态度方面,主要存在三类不同教学媒介语态度的学生群体,分别为外语专业应用型、外语语言导向型、专业知识导向型,三类学生群体对外语复合型专业课程的需求不同,最终导致其教学媒介语态度各不相同。基于以上调查结果,我们认为可以从以下三个方面梳理外语复合型专业课程的教学媒介语问题的主要线索,以此开展后续的探究与思考。

5.1 确立超语教学应用原则,探索教学媒介语组合策略

外语复合型专业课程"双语兼备""汉主外辅"的教学媒介语使用现状是由该类课程的跨学科特性所决定的,不同学科框架下的理想教学媒介语本身存在差异,而在外语教学内部,最佳的教学媒介语使用仍未有定论。因此,这类课程的教学媒介语使用往往具备多层次的复杂性。我们认为,由超语教学发展而来的超语相关理论对外语教学至少在以下三个方面认同外语学习者的多语资源价值,由此可以指导该类课程的教学媒介语选择:第一,就底层逻辑而言,超语基于从政治因素认同对不同语言的严格区分,将不同的语言视为各民族和国家概念的衍生物,但就神经语言学提供的相关证据而言,所谓的"不同的语言"实际上同时作为语言知识储存在大脑的同一"语言脑区"中,无法将其按照不同种语言进行剥离;第二,超语将多语现象视作一种极具创造性的语言现象,这种语言现象更强调功能而不是形式,是一种高效的交际方式(李嵬、沈骑,2021);第三,近年来,有实证研究证明,多语知识的并用对多语者的决策能力和大脑分析能力有积极作用。此外,多语资源的使用还与多语者的共情能力、对模糊概念的接受度和创造力密切相关(Dewaele &

Li，2012、2013；Kharkurin & Li，2015）。

在超语视域下审视教学媒介语问题，同样应基于超语对于多语资源的价值认同来进行梳理。首先，既然多语资源储存在大脑的同一"语言脑区"中，那么在教学过程中遵照依据政治因素划分的"不同的语言"，进行严格意义上的单语教学是毫无意义的，一定程度上还会造成语言的割裂，影响课堂中的正常交流和多语知识建构。其次，超语实践本身作为一种富有创造性的语言现象，集中体现了从思想层面到语言实践等各个层及所囊括的压力、冲突、竞争、差异与变化（李嵬、沈骑，2021），课堂中的超语实践有助于丰富课程所涉及的社会和文化内涵，也为教学活动注入了全新的活力。最后，多语教学给外语学习者带来的个体决策、分析、共情等能力的发展，最终也能服务于我国外语复合型人才的培养，满足我国多层次、全方位的外语人才需求。

5.2 厘清超语教学影响因素，把握教学媒介语运用动向

我国的外语教育长期以来表现出明显的单语特征，拥有良好的外语单语能力常被教师视作外语教学的最终目标。长此以往，外语专业学生的母语能力和知识储备必将受到损害。外语复合型人才是我国外语人才培养的重心之一，但其相关课程的研究，特别是相关课程教学媒介语的研究还相当匮乏，没有形成系统的理论体系。一些理论教育学者（乔佳义，2003；周星、毛卫娟，2006；李颖，2018）开始把注意力放到英语作为教学媒介语的积极作用的同时，另一些一线的教育学者（黄源深，2010；胡文仲、孙有中，2006）转而开始质疑教师追求外语最大化输出造成的英语专业学生"思辨缺席"问题。赵永青等（2020）曾提出运用内容语言融合教学的模式来解决英语专业学生缺乏思辨能力的问题，但在实践教学中，这要求学生需要掌握完整的的学科话语知识体系（李颖，2018）。对于外语能力较差的学生而言，一味使用外语作为教学媒介语必然损害学生对专业知识的吸收，考虑到我国高等院校学生的整体外语水平，英语作为教学媒介语的模式不能直接简单推行（李颖，2017）。

教师作为教学活动的主体，对课堂中的教学媒介语使用往往起到决定性作用。从本研究结果来看，影响教师对外语复合型专业课程教学媒介语选择的因素以客观因素居多（如培养要求、课程时间、学生外语能力等），可见教师对于该类课程媒介语的使用并不具备高度的自主性与随意性，这也与本研究中问题1的研究结果不谋而合。因此在此类课堂中推广多语教学与超语教学，首要问题便是为其创造客观条件。例如：外语复合型专业课程具有显著的跨学科特点，从课程目标的顶层设计来看，外语水平的提升和专业知识的累积都不应该单独作为此类课程的开设目标，两者的相辅相成更应成为这类课程目标的理想境界，但相应的理论研究依然匮乏。从实践教学的落地来看，学生外语水平仍是阻碍超语教学的一大因素，主要表现在班级成员间外语水平参差不齐，教师为了满足外语水平较差群体需求，只能被迫减少超语教学的课堂应用。若能在专业课程开课前依据学生外语水平进行划分，教师便能在运用超语教学时更加自如。

5.3 着眼超语教学认知偏好，聚焦教学媒介语受众诉求

基于对该类课程的学生调查，我们发现职业规划会在很大程度上决定学生的教学媒介语偏好，这是因为学生会根据自身的职业规划，发展出个体的教学媒介语需求。外语复合型专业课程的一个重要特征是课程目标复合，而就学生而言，对于复合型的课程目标并非全盘接受，而是就个人发展诉求有的放矢，因此教学媒介语的使用需要在一定程度上与学生的教学媒介语诉求相适应，否则将会给部分学生造成心理上的不适与冲突。

除了学生对于自身发展的诉求，教学媒介语还需顺应国家对于外语人才培养的总体规划诉求。新时期，我国的国际地位不断提高，外语专业人才不应再局限于在国际话语体系充当"语言传播者"的身份，而是应当肩负起"语言文化传播者"的重要角色，发挥构建国际文化和话语体系"软件"的作用，提高我国的国际话语能力，对外展现我国的良好形象（杨金龙，2019）。梅德明（2016）曾表示，外语教育的原点在于为国家、为"人类命运共同体"培养具有中国文化基因与中华灵魂的

国际化人才。若外语学习者不能发挥并发展基于个人母语的文化知识储备,具有文化基因和中华灵魂便形同空谈。

6 结语

教学媒介语是外语课堂中的重要参数,一定程度上对外语教学的最终结果起到决定性的作用。而外语复合型专业课程由于涉及多维度的人才培养目标,所涉及教学媒介语问题也更为复杂。本文从四川外国语大学商务英语专业提供的五门外语复合型专业课程入手,依次针对课堂中的教学媒介语使用现状、影响教师进行教学媒介语选择的因素和学生对于专业课程中教学媒介语的态度进行深入调查。最终通过统计结果和数据分析,基于超语对外语复合型专业课程的教学媒介语使用提供了相关调适性建议。

由于受到2022年新冠疫情防控工作的影响,本研究在推进时某些数据收集步骤被迫中断,整体数据收集过程也被逐渐拉长,针对师生的数据收集和访谈内容也出现了部分断层,最终导致了某些个人观点的前后分歧,影响了本文质性研究的整体性。此外,出于时间和经济性考虑,本研究并没有将四川外国语大学商务英语专业的所有外语复合型专业课程纳入考察范围,而是从中节选了五门课程进行系统考察。五门课程具备较强的代表性,但无法全面显示此类课程的整体情况,存在较高的局限性,在此抛砖引玉,希望本文能为今后的相关研究提供一些思路与线索。

参考文献

蔡基刚, 2010. 全英语教学可行性研究——对复旦大学"公共关系学"课程的案例分析 [J]. 中国外语（6）: 61-67.

胡开宝, 王晓莉, 2021. 语言智能视域下外语教育的发展——问题与路径 [J]. 中国外语（6）: 4-9.

胡文仲, 2011. 关于我国外语教育规划的思考 [J]. 外语教学与研究（1）: 130-136.

胡文仲, 孙有中, 2006. 突出学科特点, 加强人文教育——试论当前英语专业教学改革 [J]. 外语教学与研究，38（5）：243-247.

黄源深，2010. 英语专业课程必须彻底改革——再谈"思辨缺席"[J]. 中国外语（1）：11-16.

姜宏德，2004. "浸润式"双语教学模式的建构与实践 [J]. 教育发展研究（6）：32-34.

景飞龙，2020. 基于Q方法的大学生外语移动学习参与度研究 [J]. 外语界（1）：79-87.

李嵬，沈骑，2021. 超语实践理论的起源、发展与展望 [J]. 外国语，44（4）：2-14.

李颖，2017. 高校全英文教学效果的实证研究 [J]. 中国外语，14（1）：59-67.

李颖，2018. 学科话语分析与英语教师的EMI教学能力研究 [J]. 外语电化教学（1）：48-53.

梁端俊，王平，2020. 超语缘起及其对外语教学的启示探究 [J]. 外语电化教学（2）：86-87.

罗选民，梁燕华，叶萍，2023. "双新"背景下复合型外语人才培养的内涵、特色与路径——以广西大学新文科研究与改革实践项目为例 [J]. 外语界（1）：18-23.

梅德明，2016，基于英语学科核心素养发展的育人取向与课程改革 [O]. 第二届全国外国语学校及外语特色校校长论坛发言，北京，2016年12月15日．

孟庆楠，罗卫华，曾罡，2022. 新文科背景下国家级一流英语本科专业建设的探索与实践——以大连海事大学海事特色复合型外语人才培养模式为例 [J]. 中国外语（5）：4-12.

乔佳义，2003. 大学英语课堂媒介语对比实验研究 [J]. 外语教学与研究，35（5）：372-377.

沈骑，2015. "一带一路"倡议下国家外语能力建设的战略转型 [J]. 云南师范大学学报（5）：9-13.

孙有中，2011. 突出思辨能力培养，将英语专业教学改革引向深入 [J]. 中国外语（3）：49-58.

王立非，宋海玲，2021. 新文科指引下的复合型商务英语人才培养理念与路径 [J]. 外语界（5）：33-40.

文秋芳，2019. 新中国外语教育70年：成就与挑战 [J]. 外语教学与研究（5）：735-745.

杨金龙，沈骑，2019. "人类命运共同体"视域下我国外语专业人才的价值重塑——"工具"与"人文"之辨 [J]. 外语教育研究前沿（3）：36-41.

俞理明，袁笃平，2005. 双语教学与大学英语教学改革 [J]. 高等教育研究（3）：74-78.

赵永青，常俊跃，刘兆浩，2020. 内容语言融合教学的中国高校本土化实践 [J]. 中国外语（5）：61-67.

郑咏滟，2023. 超学科范式下应用语言学Q方法的创新与前瞻 [J]. 外国语（上海外国语大学学报）（1）：2-10.

周星，毛卫娟，2006. 外语课堂教学媒介语研究述评 [J]. 外语与外语教学，2006（4）：14-17.

AIREY J, LINDER C, 2006. Language and the experience of learning university physics in Sweden [J]. European journal of physics (27): 553-560.

CUMMINS J, 2007. Rethinking monolingual instructional strategies in multilingual classrooms [J].

Canadian journal of applied linguistics/Revue Canadienne de linguistique appliquée (2): 221-240.

DEWAELE J M, LI W, 2012. Multilingualism, empathy and multicompetence [J]. International journal of multilingualism, 9 (4): 352 - 366.

DEWAELE J M, LI W, 2013. Is multilingualism linked to a higher tolerance of ambiguity [J]. Bilingualism: language and cognition, 16 (1): 231-240.

GOPALAKRISHNAN A, 2022. Ecological perspectives on implementing multilingual pedagogies in adult foreign language classrooms-a comparative case study [J]. International journal of multilingualism, 9 (1): 85-106.

HAUKÅS Å, 2016. Teachers' beliefs about multilingualism and a multilingual pedagogical approach [J]. International journal of multilingualism, 13 (1): 1-18.

KELLY M, 2015. Challenges to multilingual language teaching: Towards a transnational approach [J]. European journal of language policy, 17 (1): 65-83.

KHARKHURIN A V, LI W, 2015. The role of code-switching in bilingual creativity [J]. International journal of bilingual education and bilingualism, 18 (2) : 153-169.

KLAASSEN R G, DE GRAAFF E, 2001. Facing innovation: Preparing lectures for English medium instruction in a non-native context [J]. European journal of engineering education, 26 (3): 281-289.

NEUNER G, 2004. The concept of plurilingualism and tertiary language didactics [C]//B. Hufeisen & G. Neuner (Eds.). The plurilingualism project: tertiary language learning-German after English. Strasburg: Council of Europe Publishing, 13-34.

WEI L, LIN A M, 2019. Translanguaging classroom discourse: pushing limits, breaking boundaries [J]. Classroom discourse, 10 (3-4): 209-215.

WILLIAMS C, 1996. Secondary education: teaching in the bilingual situation [J]. The language policy: taking stock, (12)2: 192-211.

商务英语阅读教材跨文化元素对比研究[1]

贾蓉[2] 马颖[3] 聂玉婷[4]

摘要：《英语类专业教学指南》（简称《指南》）和《高等学校本科教学质量国家标准》（简称《国标》）明确指出商务英语专业对培养学生跨文化知识与能力的责任。作为教学活动的知识载体，教材的作用至关重要。本文采用内容分析法，从文化类别、跨文化主题和商务语境三个维度对国内出版的两套综合商务英语教材《商务英语综合教程（第二版）》和《新标准商务英语综合教程》中所包含的跨文化元素进行研究。结果显示：（1）教材均按照《指南》和《国标》的要求融入了跨文化元素；（2）两套教材的跨文化内容分配不均匀，对文化类别和跨文化主题的重视程度高于商务语境内容。本研究认为教材编者应当积极拓展跨文化内容在商务英语教材中的展现，多角度地传播跨文化元素，增强商务英语专业学生的跨文化知识储备与实践运用，从而更好地适配国际化复合型人才的需要。

关键词：商务英语教材；跨文化元素；内容分析

---

1 本文系2023年国家社科基金项目"外语教材开发的界面研究"（23FYYB046）、2024年国家语委科研基地暨国家语言文字智库中国外语战略研究中心世界语言与文化研究项目"中国大中小学段英语教材文本复杂度发展规律研究"（WYZL2023SC0023）和2023年中国外语教材研究中心项目"世界主要国家外语教材评价标准研究"的阶段性成果。
2 贾蓉，西南交通大学外国语学院副教授，博士。研究方向为教材评估、语言测试。
3 马颖，通讯作者，伦敦大学学院教育学院，硕士。研究方向为高等教育、商务英语。
4 聂玉婷，西南交通大学教务处助理研究员，硕士。研究方向为高等教育、教育实践。

A comparative study on intercultural elements in Business English reading textbooks

Jia Fan Ma Ying Nie Yuting

Abstract: *The Teaching Guidelines for Business English Majors* and *The National Standards for the Quality of Undergraduate Teaching in Business English in Higher Education* (hereafter the Guidelines and Standards) clearly state the responsibility of the Business English program in cultivating students' intercultural knowledge and competence. As a knowledge carrier in teaching activities, textbooks play a crucial role. This paper adopts content analysis to examine the intercultural elements included in two sets of domestically published comprehensive Business English textbooks, Business English: An Integrated Course and Intelligent Business, from three dimensions: cultural categories, intercultural themes, and business context. The results show that: 1) Both sets of textbooks have incorporated intercultural elements in accordance with the requirements of the Guidelines and Standards; 2) The distribution of intercultural content in the textbooks is uneven, with more emphasis on cultural categories and intercultural themes than on business context.

This study suggests that textbook compilers should actively expand the presentation of intercultural content in Business English textbooks, disseminate intercultural elements from multiple perspectives, and enhance Business English majors' intercultural knowledge reserve and practical application, thereby better meeting the needs of internationalized, interdisciplinary talent.

Key words: Business English textbooks; Intercultural elements; Content analysis

1 引言

《英语类专业教学指南》（简称《指南》）指出，商务英语专业应注重对学生跨文化知识与能力的提升。此外，《高等学校本科教学质量国家标准》（简称《国标》）也明确了跨文化交际课程的重要地位，强调其占专业总学时的5%~10%，必修和选修课程均要求突出跨文化知识与技能，以培养具备较高的跨文化交际与沟通能力的综合性英语人才（陈准民、王立非，2009；王立非，2015）。

商务英语教材作为文化与跨文化内容的媒介，是实现学生掌握跨文化知识与技能，从而培养其对外交流与合作能力这一商务英语教学目标的重要方式。虽然部分学者探究了商务英语的教材编写（贾蕃、沈一新，2020），但对商务英语教材中跨文化的研究较少。本文以国内广泛使用的两套商务英语教材为研究对象，对比并研究其跨文化元素，旨在为教材编写者与使用者提供启示。

2 文献综述

2.1 教材的跨文化元素研究述评

教材是教学内容的主要载体，对教材的探究是实现教学目标的重要保证（贾蕃，2022）。在外语教学中，研究者们对外语教材进行了多方面的探索（孙亚、王立非，2013；刘艳红等，2015）。跨文化作为外语教学的重要部分，尤其受到研究者们的特别关注。例如，李加军（2023）以一套大学通用英语教材为研究对象，从多个维度探究了我国大学通用英语教材中的跨文化元素。刘艳红、张军（2022）考察了我国英语专业教材《大学思辨英语教程》的文化内容特征。

梳理文献发现，前人有关外语教材中跨文化元素的研究主要聚焦于大学英语教学所用教材（刘艳红等，2015；康莉、徐锦芬，2018）。然而，基于商务英语的学科背景及现实需求，培养商务英语专业学生的跨文化知识与能力至关重要。商务英语专业的学生需具备较高的跨文化交际能力，以从事跨国商务工作，参与国际经贸活动（王立非，2015）。但却少有研究聚焦在这一学习群体上，对商务英语教材的关注程度较低。

在现有商务英语教材跨文化元素的研究中，国内仅有少数文献涉及商务英语教材中的跨文化元素（史兴松、万文菁，2021）。例如，孙亚、王立非（2013）从隐喻的角度对《商务英语综合教程》中的文化内容进行了分析，陈荷男（2019）梳理了《新编剑桥商务英语》（初、中级）系列教材中的跨文化商务交际因素。然而，相关研究多以国外编写的商务英语教程为研究对象，而较少关注我国国内编写的教程。

2.2 商务英语教材跨文化元素分析框架

史兴松、万文菁（2021）提出了商务英语教材跨文化元素的理论框架，将跨文化元素共分为三大类目——文化类别、跨文化主题和商务语境，并基于该理论框架提出编码表，对跨文化元素的分类进一步细化，如图1所示。

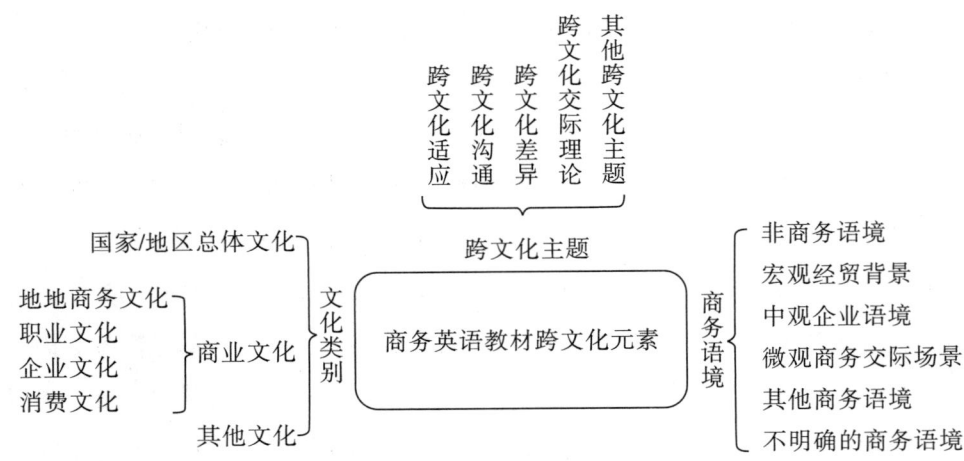

图1 商务英语教材中跨文化元素的理论框架

文化类别按照其是否包含商务内容分成国家/地区总体文化、商业文化和其他文化三大类。国家/地区总体文化指在一个国家和地区的历史地理、风土人情、传统习俗等（Reisinger & Turner，2012）。商业文化包括当地商务文化、职业文化、企业文化和消费文化。其中，当地商务文化指一个国家或地区的政治、经济与社会环境，包括法规条例（商业条例、法律规章、国家政策等）、公司模式（组织形式、雇佣方式、运营模式等）、商业行为习惯、企业社会地位和政商沟通渠道等（史兴松、徐珺，2012）。职业文化是指具有相通背景知识的职业群体内部所具有的独特的交际模式、处理问题的方式和流程等（史兴松、徐珺，2012）。企业文化指会对员工思想和行为产生影响的公司的工作行为、交流方式和运营模式（陈春花，1999）。消费文化则是指一个国家或地区居民在消费过程中产生的价值取向、行为方式以及消费体制等（Arnould & Thompson，2005）。其他文化类别即无法归为上述编码的文化内容，例如一国对另一个国家的影响，或者不同国家之间的相互看法。

跨文化主题由跨文化适应、跨文化沟通、跨文化差异和跨文化交际理论和其他跨文化主题五部分构成。其中，跨文化适应是个体或群体与不同文化背景的群体交往后的再社会化及应对过程（陈国明、余彤，2012），即人或群体适应新的文化环境的过程与结果（陈慧等，2003），例如心理或社会文化适应。跨文化沟通指来自不同文化的人们之间的沟通，是来自不同文化背景的个体或群体进行交流的活动（陈国海等，2017）。跨文化差异是不同文化间差异的比较。跨文化交际理论主要指关于跨文化交际理论等的概念性知识的讲解，例如文化维度、高低语境等概念的解释（贾玉新，2012）。当跨文化主题不属于上述四种类别时则属于其他跨文化主题，例如不同国家或地区间的影响。

商务语境按照主体对象范围的大小分为宏观经贸背景、中观企业语境以及微观商务交际场景。其中，宏观经贸背景指国家之间的经济贸易往来，中观企业语境指一个公司在其他国家的管理机制、商业模式、营销策略等（史兴松、徐珺，2012），微观商务交际场景则为不同国家商务人士的交际行为（Angouri，2010；De Oñate & Amador，2013），例如来自不同国家的人进行会面、谈判、合作等场景。除这三种类别外，还包含非商务语境，包括日常生活、行为习惯、习俗信仰等其他商务语境，即不属于上述语境的其他明确的商务语境，例如消费者行为，以及不明确的商务语境，例如泛化的表述，如in/doing business等（史兴松、万文菁，2021）。

该理论框架在前人的基础上，根据商务英语所强调的商务特性，提出了商业文化的特有类别，与商务英语教材的适配度和可信度均较高，具有很强的借鉴价值。因此，本文以此为理论框架，对我国出版的两套商务英语教材中的跨文化元素进行对比分析。

3 研究设计

3.1 研究内容

本研究通过对《商务英语综合教程（第二版）》（简称《商英综教》）和《新标准商务英语综合教程》（简称《新标准》）两套教材中的跨文化元素在文化类别、跨文化主题和商务语境三个方面进行对比分析，旨在回答以下两个问题：

（1）两套教材中的跨文化元素在整体上有什么异同？

（2）两套教材中的跨文化元素在文化类别、跨文化主题和商务语境上分别有什么异同？

3.2 教材选取

本研究选取了两套商务英语综合教材，即《商英综教》和《新标准》。教材的选取参考学界通用做法（贾蕃等，2019），考虑以下四个因素：（1）编写体系，每套教材由四本连续的分册组成；（2）教材质量，国家知名出版社出版，由知名专家编写；（3）出版时间，近十年出版，保证教材的时效性；（4）使用范围，为多所高校商务英语专业一、二年级学生所使用。所选教材信息如表1所示。

表1 所选教材信息

教材名称	教材分册	编者	出版年份	出版社
《商英综教》	第一册（S1B1）	李啸初 陈俐丽 王立非	2018	上海外语教育出版社（S1）
	第二册（S1B2）			
	第三册（S1B3）			
	第四册（S1B4）			
《新标准》	第一册（S2B1）	Tonya Trappe Graham Tullis 王立非	2018	外语教学与研究出版社（S2）
	第二册（S2B2）			
	第三册（S2B3）			
	第四册（S2B4）			

注：S代表套，B代表册

3.3 数据编码与分析

本研究参考史兴松、万文菁（2021）的编码方式，从表征上有意义的词句中推断出其所体现的内在含义,并在此基础上对编码表所包含的概念进行了详细解释。编码示例如表2所示。

表2 编码示例表

编码类目	编码操作	编码示例
文化类别	1=国家/地区总体文化	Cuisine in China is a harmonious integration of colour, redolence, taste, shape and the fineness of the instruments.（S1B1）
跨文化主题	1=跨文化适应	What intercultural problems do immigrant families have to face in a new country?（S1B3）
	2=跨文化沟通	Effective communication with people of different cultures is especially challenging.（S1B3）
商务语境	1=宏观经贸背景	China's investment in the United States reached a (n) record \$15.7 billion in 2015.（S1B2）
	2=中观企业语境	What other cultural factors might affect the success of appointing a foreign CEO at Nissan?（S2B1）

跨文化元素指教材中各个教学板块中出现的跨文化内容（Matveeva，2007；Sándorová，2016）。在对跨文化元素分析框架和编码表中所提及的概念进行详细解读后,两名研究人员各自对《新标准》和《商英综教》八册书分别进行了两轮内容分析。第一轮统计结果统一性为92.4%。经过讨论后两位研究人员进行第二轮内容分析,一致性为98.3%,并针对有争议的部分邀请专家进行评判,达成一致后统计两套教材各跨文化元素的频次,对重合的251处的编码进行信度检验,Cohen's kappa分别为0.81（文化类别）、0.76（跨文化主题）、0.79（商务语境）,符合信度检验标准。

4 结果与讨论

4.1 跨文化元素整体观

研究人员从文化类别、跨文化主题以及商务语境三大类目下对两套教材中的跨文化元素进行统计,结果如表3所示。

表3 跨文化元素整体分布情况

教材	文化类别	跨文化主题	商务语境	合计
《商英综教》	70个(40.2%)	64个(36.8%)	40个(23.0%)	174个(100%)
《新标准》	29个(37.2%)	45个(57.7%)	4个(5.1%)	78个(100%)

由表3可知,两套教材对商务英语教材跨文化元素三大类别均有所涉及,并且所涉及的商务语境均最少,对于其他两个类别呈现不同的侧重。其中,《商英综教》中三个类别分配较为平均(最低23.0%,最高40.2%),而《新标准》中三个类别的比重则表现为明显的差异(最低5.1%,最高57.7%),具体体现为跨文化主题占有一半以上比重(57.7%),而商务语境仅为其十分之一不到(5.1%)。此外,《商英综教》(174)中跨文化元素数量总体上多于《新标准》(78),约为后者的两倍之多。

与早期商务英语教材不同,《商英综教》与《新标准》注重语言、商务与文化的融合,均包含三种跨文化元素类别,符合《国标》的培养目标,满足综合商务英语课程的需要(王立非、任杰,2021)。此外,语言在特定的语境中更容易理解(Fillmore,1976),商务英语在商务语境中更能提高学习者的商务技能(Donna,2000)。然而,两套教材对商务语境的关注度均最低,因此商务英语教材需强化商务语境,注重真实商务场景的建设(邹莉,2019),达到教材选择的内容真实性的目的,确保学习者更有效习得商务技能和知识。此外,教师也应当根据具体的学情对教材进行适当改编(贾蕃,2022),采取合适的教学方式与教材形成呼应，共同创设真实的商务场景。

对于两套教材的不同点，首先，教材对三种类别的跨文化要素的分配差异大造成该现象的原因可能是缺乏统一的教材编写标准；其次，两套教材涉及的跨文化元素总量存在显著差异：《商英综教》每个单元共有九个板块，而《新标准》每个单元仅有六个板块，这可能是受教材容量的影响。

4.2 商务文化类别

研究人员对两套教材中有关文化类别的跨文化元素进行了统计，结果如表4所示。

表4 文化类别的内容分布

教材	国家/地区总体文化	商业文化				其他文化类别	合计
		当地商务文化	职业文化	企业文化	消费文化		
《商英综教》	37个（52.9%）	11个（15.7%）	0个（0%）	1个（1.4%）	2个（2.9%）	19个（27.1%）	70个（100%）
《新标准》	3个（10.3%）	5个（17.3%）	2个（6.9%）	11个（37.9%）	1个（3.4%）	7个（24.2%）	29（100%）

由表4可知，《商英综教》在文化类别维度中，国家/地区总体文化占比（52.9%）高于商业文化（15.7%+0%+1.4%+2.9%=20%）和其他文化类别（27.1%），而在《新标准》中，商业文化（17.3%+6.9%+37.9%+3.4%=65.5%）占比远高于国家/地区总体文化元素（10.3%），也高于其他类别文化（24.2%）。由此可见，两套教材对三种文化类别均有所涉及，但各有侧重，《商英综教》更关注国家/地区文化，而《新标准》则更聚焦于商业文化。

聚焦到商业文化中的具体方面，两套教材关注的话题也有所差异，结果如表5所示。

表5 商业文化内容发分布

教材	商业文化				合计
	当地商务文化	职业文化	企业文化	消费文化	
《商英综教》	11个（78.7%）	0个（0%）	1个（7.1%）	2个（14.2%）	14个（100%）
《新标准》	5个（26.3%）	2个（10.5%）	11个（57.9%）	1个（5.3%）	19个（100%）

由表5可知，《商英综教》主要关注当地商务文化（78.7%），而对其他三个类别关注度较低，对职业文化甚至未涉及。《新标准》中商业文化元素分布较为均匀，对当地商务文化、职业文化、企业文化和消费文化均有涉及，但最为关注企业文化（57.9%），而对职业文化（10.5%）和消费文化（5.3%）的关注度较低。与该研究结果类似，史兴松、万文菁（2021）对《商务英语综合教程（第一版）》商业文化的元素进行统计也发现，当地商务文化占比最大。

两套教材对职业文化的关注度均较低，这是因为教材的使用对象主要为在校大学生，而非已经踏入职场的工作群体，因此没有对特定职业群体的交际模式、处理问题的方法等进行详述。对此，王立非、任杰（2021）同样指出商务英语教材的使用对象范围较窄，行业特点不突出。

此外，在其他文化类别上，两套教材均涉及国际时事问题，例如世界金融危机、劳动力全球化等。商务英语作为一门应用型学科，需要跟进时事热点（Donna，2000）。两套教材均具有时效性，满足商务英语专业的需求。

4.3 跨文化主题

由表6可知，《商英综教》和《新标准》都注重跨文化差异内容。这与前人的发现相一致（史兴松、万文菁，2021）。其中，《商英综教》中有近一半的元素为跨文化差异，而《新标准》中的跨文化差异元素则占全书跨文化主题的90%以上。

表6 跨文化主题的内容分布

教材	跨文化适应	跨文化沟通	跨文化交际理论	跨文化差异	其他跨文化主题	合计
《商英综教》	7个(10.94%)	10个(15.62%)	0个(0%)	31个(48.44%)	16个(25.00%)	64个(100%)
《新标准》	0个(0%)	1个(2.22%)	0个(0%)	41个(91.11%)	3个(6.67%)	45个(100%)

具体而言,《商英综教》对跨文化差异元素的表现方式多样,既有书面形式的介绍,又有视频、音频等多媒体方式的展现,旨在引导学生获取更多的跨文化差异知识,且内容多以西方和亚洲两个地区及其所包含的国家间的对比为主,具体体现为英国与中国、美国与日本等国家间的对比,所展现的跨文化差异相对具体,既涉及商务方面,又涵盖日常生活习惯或观念信仰等方面。例如,不同文化对正餐和快餐分辨的差异:

Malaysians use the presence of rice to define the difference between a meal and a snack, but English working-class families differentiate the two according to whether the event is structured.(S1B1)

《新标准》中的跨文化差异元素以直接表述为主,内容较为宏观,例如对文化间肢体语言差异的描述:

Body language. what is considered appropriate eye contact in one culture may be perceived as inappropriate in another.(S2B4)

此外,在其他跨文化主题方面,即国家之间的影响以及不同国家之间的看法方面,两套教材也都有相对较多的内容。在国家的影响方面,以中国对亚洲其他国家、英美两国对非洲地区的影响为主要内容，例如《商英综教》中展现的西方对非洲的影响：

The effect of this policy in the case of Africa, as Professor Andah once noted, was untold damage to the African psyche, so much so that most Africans have come to believe as truth.（S1B2）

在不同国家的看法方面，其内容主要为美国对中国的看法，例如《新标准》中描述的美国人对中国科技态度的转变历程。

在跨文化沟通的内容上，两套教材均有涉及，但内容较少，这与史兴松、万文菁（2021）对商务英语中跨文化元素研究的结果相似。在《商英综教》中，共有十处体现出跨文化沟通，例如第一册说明了跨文化沟通在公司避免冲突和缓解矛盾中的重要作用。而在《新标准》中仅有一处涉及跨文化沟通元素：

You know that Louis Schweitzer is considering you for the position of CEO at Nissan… You have no experience of working with the Japanese. How will you respond if Mr. Schweitzer offers you the position？（S2B1）

在跨文化适应方面，《商英综教》共提及了七次，举例描述了一个国家的人去另外一个国家适应的场景。例如第二册课文导入环节，引用了美国教授在中国工作时的文化学习经验：

When I first came to China and was negotiating terms and working conditions with various units of my university, I expected people to be persuaded by my reasonable arguments… After several years I finally realized that I would get better results by simply stating what I wanted.（S1B2）

《新标准》完全没有提及跨文化适应。此外,两套教材均未涉及跨文化交际理论,没有专门向教材使用者介绍交际理论的知识。

综上所述,《商英综教》所包含的跨文化主题较《新标准》更加丰富,对于更有效地培养学生跨文化沟通与交际的能力具有突出作用。

此外,两套教材对于跨文化主题所选取内容的主体国家都以英美国家为主,对于其他国家以及世界文化内容涉及较少(刘爱真,2003;王菲,2010)。不能否认对于英美国家文化的理解有利于商务英语专业的学生具备跨文化沟通与交际的知识与能力,但这并不足以解决复杂的国际环境中出现的跨文化问题,应为使用者展现更多样化国家之间的文化内容,尤其是在不同国家和文化间交际理论的设置,以培养学生的跨文化交际技能的(史兴松、徐珺,2012)。

4.4 商务语境

在商务语境方面,两套教材涉及的内容均较少(见表7)。《商英综教》涉及的商务语境元素分布均匀,且对商务语境的各方面都有所提及。而《新标准》几乎没有商务语境方面的内容。

表7 商务语境的内容分布

教材	非商务语境	宏观经贸背景	中观企业语境	微观商务交际场景	其他商务语境	不明确的商务语境	合计
《商英综教》	7个(17.50%)	8个(20.00%)	11个(27.50%)	5个(12.50%)	3个(7.50%)	6个(15.00%)	40个(100%)
《新标准》	1个(25.00%)	0个(0%)	2个(50.00%)	0个(0%)	0个(0%)	1个(25.00%)	4个(100%)

由表7可知,与其他商务语境主题相比,两套教材对中观企业语境的关注程度最高,分别占总体商务语境元素的25%和50%。《商英综教》以西方企业在亚洲国家的经营为主,例如美国公司在中国、日本和印度的商业模式和市场营销策略。例如,在课文 **WHAT IS GLOCALIZATION** 中:

Walk into an Israeli McDonald's and you can order a kosher Big Mac (minus the cheese). (S1B1)

而《新标准》中,中观企业语境通常设定一个具体的场景,让学生来帮助解决问题。例如《新标准》要求学生探讨在日产任命外国CEO的可能性。

在宏观经贸背景和微观商务交际场景上,只有《商英综教》有所涉及,且内容多以美国与亚洲国家的交涉为主。在宏观上,最普遍的话题为美国与中国之间的贸易交流,例如中美投资额、贸易摩擦等方面的内容。在微观上,交际场景包括美国买家和中国销售在飞机上见面的对话、韩国老板要求美国雇员寻求零件供应商的场景等。

在非商务语境和不明确的商务语境主题上,两套书也都有内容分布,具体表现在婚姻、宗教、工作等各个方面。例如,《商英综教》要求学生讨论:

The best way to solve the cultural conflicts in multicultural families when the family members' opinions on marriage, tradition, religion and family values differ. (S2B3)

由此可见,与《新标准》相比,《商英综教》所包含的商务语境内容数量更多,主题更广泛,商务导向更强。

两套商务英语教材中对于商务语境内容设置的相对较少,这一结果与当前有关对教材中跨文化元素的研究具有一致性,即跨文化的知识更多地集中在一般生活情景方面(刘艳红等,2015;康莉、徐锦芬,2018)。然而,商务英语既需要对一般的跨文化类别的知识进行教授,也需要加强对商务背景方面的重视(史兴松、徐珺,2012)。正如史兴松、徐珺(2012)所言,单纯以国家和语言文化为背景的跨文化知识对于理解跨文化商务交际中存在的问题具有局限性。有关商务的知识、培养商务的技能对于商务英语专业学生来说是必不可少的（邹莉，2019）。为此，对于两套教材而言，增加商务语境的内容是有必要的，以文本的方式来帮助学生简介体验商务情景，为未来接触真实的商务环境打下基础（王立非，2015）。

5 结语

本研究对《商英综教》和《新标准》的跨文化元素进行内容分析后发现：（1）整体上，两套教材均符合《指南》和《国标》的要求，有意地设置了跨文化内容，且在文化类别、跨文化主题和商务语境三方面都有所体现。不同之处在于两套教材各有侧重。《商英综教》中三个类别分配较为平均，《新标准》中三个类别的比重则表现为明显的差异；（2）聚焦到文化类别方面，两套教材对三种文化类别均有所涉及，但各有侧重。《商英综教》更关注国家/地区文化，而《新标准》则更聚焦于商业文化。此外，两套教材的相同之处在于其他文化类别关注国际时事，具有时效性，而对商业文化维度下的职业文化关注度均较低。

需要指出的是，本研究尚存在以下不足：（1）仅采用内容分析法研究了两套商务英语教材，而未从多视角对研究结果进行验证，未来研究可补充编写者、使用者视角，对其进行访谈和问卷调查，增强研究结果的可靠性；（2）本研究仅选取两套教材进行横向对比研究，而未对教材的历时追踪，未来研究可以对同套教材的历时变化进行研究。

参考文献

陈春花，1999. 企业文化的改造与创新 [J]. 北京大学学报（哲学社会科学版）（3）：51-56.
陈国海，安凡所，刘晓琴，等，2017. 跨文化沟通 [M]. 北京：清华大学出版社.
陈国明，余彤，2012. 跨文化适应理论构建 [J]. 学术研究（01）：130-138.
陈荷男，2019. 商务英语教学中的跨文化商务交际因素研究——以《新编剑桥商务英语（初、中级）》为例 [J]. 吉林广播电视大学学报（4）：21-24.

陈慧，车宏生，朱敏，2003. 跨文化适应影响因素研究述评 [J].《心理科学进展》，2003（6），704-710.

陈准民，王立非，2009. 解读《高等学校商务英语专业本科教学要求》（试行）[J]. 中国外语，6（4）：4-11，21.

高等学校外语专业教学指导委员会英语组，2000. 高等学校英语专业英语教学大纲 [Z/OL].（2019-11-06）[2022-06-01]. http://sfl.zzife.edu.cn/2019_11/06_00/content-19126.html.

贾蕃，2022. 中国外语教材评估研究30年（1990—2020）[J]. 当代外语研究（1）：83-92

贾蕃，沈一新，2020."产出导向法"理论框架下《国际人才英语教程》评价研究：教师视角 [J]. 外语教育研究前沿，3（3）：19-26，90-91.

贾蕃，周小兵，郭曙纶，2019. 基于语料库的商务汉语教材词汇考察 [J]. 对外汉语研究（1）：107-118.

贾玉新，2012. 跨文化交际理论探讨与实践 [M]. 上海：上海外语教育出版社.

康莉，徐锦芬，2018. 大学英语教材中的文化自觉及其实现 [J]. 外语学刊（4）：70-75.

李加军，2023. 大学通用英语教材的（跨）文化呈现研究 [J]. 外语界（1）：66-75.

刘爱真，2003. 跨文化认知能力与国际化交往 [J]. 江苏大学学报（社会科学版）（1）：92-96，126.

刘艳红，LAWRENCE J Z，STEPHEN M，2015. 基于国家级规划大学英语教材语料库的教材文化研究 [J]. 外语界（6）：85-93.

刘艳红，张军，2022. 基于语料库的大学英语专业教材中的思辨元素探究 [J]. 外语教学，43（3）：75-80.

史兴松，万文菁，2021. 中外商务英语教材跨文化元素对比分析 [J]. 外语教育研究前沿，4（2）：50-56，91.

史兴松，徐珺，2012. 跨文化商务交际学对商务英语教学研究的启示 [J]. 中国外语，9（4）：65-70.

孙亚，王立非，2013. 基于隐喻使用的《商务英语综合教程》评估 [J]. 外语界（4）：8-54.

王菲，2010. 我国大学英语教材中的文化选择与配置——以两套大学英语《综合教程》为例 [J]. 西安外国语大学学报，18（2）：101-104.

王立非，2015. 国家标准指导下的商务英语专业建设的核心问题 [J]. 中国外语教育，8（1）：3-8，104.

王立非，任杰，2021. 新中国70年商务英语教材发展和研究现状分析（1949—2019）[J]. 外语教育研究前沿（4）：43-49，90.

邹莉，2019. 商务英语教材使用现状和问题研究 [J]. 当代教育实践与教学研究（18）：91-92.

ANGOURI J, 2010. "If we know about culture it will be easier to work with one another": developing skills for handling corporate meetings with multinational participation [J]. Language and intercultural communication, 10: 206-224.

ARNOULD E J, THOMPSON C J, 2005. Consumer culture theory (CCT): twenty years of research [J]. Journal of consumer research, 31 (4): 868-882.

DE OÑATE M C L, AMADOR M V, 2013. The intercultural component in Business English textbooks [J]. Iberica, 26: 171-194.

DONNA S, 2000. Teach Business English [M]. Cambridge: Cambridge University Press.

FILLMORE C J, 1976. Frame semantics and the nature of language [J]. Annals of the New York academy of sciences: conference on the origin and development of language and speech, 280: 20-32.

MATVEEVA N, 2007. The intercultural component in textbooks for teaching a service technical writing course [J]. Journal of technical writing and communication, 37: 151-166.

REISINGER Y, TURNER L, 2012. Cross-cultural behaviour in tourism [M]. London: Routledge.

SÁNDOROVÁ Z, 2016. The intercultural component in an EFL course book package [J]. Journal of language and cultural education, 4: 178-203.

多模态视角下商务英语听力教学模式实证研究[1]

姜林依[2] 林 红[3]

摘要：现代信息技术的快速发展，为商务英语听力课程的多模态教学模式提供了可能。多模态教学鼓励多感觉的协同互动，这更贴近实际语言交际情境。在实际教学中，各种感觉模态需要相互协调，而不是独立存在。本研究以多模态教学理论为基础，采用实证研究的方法，分析比较实验班和控制班的差异，对商务英语听力教学中多模态教学模式构建及其在大学商务英语听力教学中应用后产生的教学效果进行探讨。研究表明，商务英语听力多模态教学与学生的听力能力呈正相关关系，能更好地激发学生的学习积极性，并提高他们的信息获取效率，在大学商务英语听力教学中使用多模态教学模式具有可行性和有效性，可以实现教学效果最优化。

关键词：多模态；教学模式；商务英语听力

---

1 本文为重庆市高等教育教学改革研究项目"基于需求分析的商务英语听力课程群建设：内容与方法"（项目编号：223249）、四川外国语大学教学改革研究项目（项目编号：JY2296269）的阶段性研究成果。
2 姜林依，伦敦大学学院硕士研究生，研究方向为语言学。
3 林红，四川外国语大学商务英语学院副教授，研究方向为商务英语教学、翻译理论与实践。

An Empirical Study on Business English Listening Teaching from a Multimodality Perspective

JIANG Linyi   LIN Hong

Abstract: The rapid development of modern information technology makes it possible for the multi-modal teaching mode of business English listening course, emphasizing the necessity for various sensory modalities to coordinate in teaching rather than existing independently. Multimodal teaching encourages multi-sensory collaborative interaction, which is closer to the actual language communication situation. Based on the multimodal teaching theory, this study employs an empirical research to analyze and compare the differences between the experimental class and the control class, and explores the construction of the multimodal teaching mode in business English listening teaching and the teaching effects produced after its application in university-level business English listening teaching. Research shows that business English listening multi-modal teaching demonstrates a positive correlation with students' listening ability, fostering increased enthusiasm for learning and improving information acquisition efficiency. The adoption of multi-modal teaching approaches in university business English listening courses is both feasible and effective, ultimately leading to an optimal teaching impact.

Key words: multimodality; teaching mode; business English listening

1　引言

多模态指运用听觉、视觉、触觉等多种感觉，通过语言、图像、声音、动作等多种手段和符号资源进行交际的现象（张德禄，2010）。国内外诸多学者将多模态应用于听力教学，成果较为丰硕，如温伯格（Weinberg，2002）总结并分析了在听力课堂上运用多模态教学的优缺点，通过多模态听力教学效果的调研，得出的结论是学生对其持积极接受的态度。吉琼和麦克拉农（Guichon & Mclornan，2008）论证了多模态教学有利于学生对听力材料的理解，双语字幕比母语字幕对学生的听力学习更有帮助。莫森（Mohsen，2016）通过研究发现，文本可视化和听力等计算机辅助学习方式在同步或异步进行时更有利于学生的听力理解。安沃斯（Unworth，2021）认为在信息通信技术时代，为学生提供运用多模态教学至关重要，可以帮助学生通过广泛的听力活动练习听力。李战子（2003）是国内最早研究多模态语篇分析理论的人，还将其研究应用扩展到教学领域。朱永生（2008）认为多模态理论在英语教学中的应用将对教学改革产生重大影响。张德禄（2010）论述了多模态语篇分析的综合理论框架以及多模态语篇理论在外语教学中的应用。胡壮麟和董佳（2006）指出，在Microsoft PowerPoint（PPT）演示中使用图像和声音可以更好地表达主题的含义，这为多模态教学模式提供了有力的支持。李欣（2012）通过研究发现绝大部分学生接受多模态自主听力教学模式并在听力理解能力方面得到了切实有效地提高。游威东梦和吴文梅（2021）认为应用多模态理论的教学理念为突破传统听力教学的瓶颈提供了很大的可能性。

国内外的研究表明，多模态教学法不仅给予学生轻松愉快的学习体验，而且可以有效提高学习效率。在语言教学过程中，教学方法从最初对语言、动作、视频之类符号资源的研究到在听说读写译等相关课程中运用，逐步从抽象到具体，研究视角持续拓宽。

多媒体技术的发展为各种模态融合的教学模式提供了先决条件，多模态教学理论已融入我国外语教学的研究。商务英语教学中必不可少的商务英语听力课程应用性较强，听力理解能力一直是学生英语学习的薄弱点。传统的商务英语听力教学以单模态教学模式为主，20世纪90年代出现的多模态话语分析理论改变了这种单一的商务英语听力教学模式。在教学中尝试使用多模态教学方法有助于调动学生积极性，培养学习兴趣，提高听力水平，有效提升教学效果。

商务英语作为一门专业英语，对听力技能的要求较高。目前关于高校商务英语专业学生听力教学的研究相对较少，还未有高质量的论文以及较有影响力的专著出版。以"商务英语听力教学"和"多模态"为主题在CNKI期刊数据库里搜索（2023年12月18日），仅可以得到7条相关文献。这说明，在多模态教学的框架下进行的研究更是稀缺。因此，从多模态视角出发，探讨如何结合文字、图片、音频和视频等多种元素，针对商务英语专业学生的听力教学模式的研究具有重要意义。本文采用实证研究的方法，分析多模态教学模式应用于高校商务英语听力教学的可行性和有效性。

2 商务英语听力教学中多模态教学模式构建

商务英语听力能力在现代商业环境中具有极其重要的地位，通过有效的听力，可以获取关键信息，更好地理解需求以及问题的本质，建立良好的信任关系，适应不同国家和文化中的商务环境。

2.1 合理运用主次模态

张德禄（2010）对各个模态系统的分配以及模态资源的利用进行了详细的描述。在商务英语听力教学中，教师和学生都是参与者，理解不同感知模态的角色分配至关重要。其中，听觉模态是主模态，学生通过聆听音频、教师及同学之间的口语表达等方式来理解不同商务场景中的交流和信息；而其他模态则被视为次模态，如视觉模态（幻灯片、视频和图像等）和触觉模态（动手操作、使用多媒体设备等）通常起辅助作用，用于补充和强化听觉模态。模态的恰当配合可以有效引导学生在愉悦的互动中达到了听力训练的目的（雷茜、张春蕾，2022：80）。

在商务英语听力教学中，合理运用主次模态可以有效提高教学效果。例如，讲授《高级商务英语听说》中关于"激励员工"这一单元时，学生缺乏职场经验，很难有深入的代入感。因此，可以把网络上相关话题的短视频用作次模态，在课堂教学中使用视觉模态作为辅助手段，激发学生的视听感官。同时，模拟商务场景并调动触觉模态，设计一些商务文件、名片、合同等触觉元素，让学生参与角色扮演，通过触摸或实际操作来加深理解在职场中如何激励员工。

在教学中，增加次模态（如视觉模态和触觉模态）有助于弥补主模态（听觉模态）的不足，激发学生的学习兴趣，使商务英语听力教学更加生动有趣，从而实现最佳的教学效果。

2.2 灵活构建多模态情景

多模态教学就是合理选用多种媒介、多种情态，通过多种渠道来共同刺激学习者多种感官协同运作，以达到加深印象、强化记忆、提高教学效果的目的（张德禄，2010）。有效的课堂导入具有使学生集中注意力、激发兴趣、明确目的、联结知识、沟通师生情感的功能（许美婷，2023：120）。在商务英语听力教学中，多模态情景构建可以帮助学生更好地理解听力材料，促使学生运用所学知识，将听觉信息与视觉、触觉信息相结合，形成良性互动。这种综合感知的学习方式能够使学生获得更全面、更深入的商务英语听力训练，提高他们在真实商务环境中的应对能力。多模态教学同时运用多种感知通道来提升学习的吸引力和效果，满足不同学生的需求和学习风格，帮助学生提高商务英语听力综合技能。因此，需要灵活构建多模态情景。

首先，教师需要具备敏锐的教学洞察力，以便能够灵活选择和切换教学模式。具体而言，教师应明确商务英语听力教学的具体目标，包括确定学生需要掌握的商务英语听力技能和知识点；选择与学生水平和兴趣相关的多模态教学材料，如录音、视频、图片、图表、幻灯片、文本和在线模拟等。在教学过程中，教师应利用现代技术和多媒体资源，将选定的教学资源嵌入听力教学，以丰富教学内容。

其次，教师还应采用定期轮替和交叉使用不同模态的教学模式，引入互动元素，让学生参与到教学过程中。例如，可以通过让学生与视频中的角色互动、使用多模态教学材料参与模拟情境，或通过在线平台进行互动练习。教师还可以安排学生扮演不同商务场景中的角色，甚至在条件允许的情况下安排实地考察，让学生亲身体验商务环境，听取现场对话和演讲，以提高在真实情境中的听力理解能力。

2.3 多维度评估多模态教学

姚阳（2011）把多模态引入教学评估，创造并完善了多模态教学的评价系统。多模态教学评价是检验评测教学效果的重要手段，也是转化实践的重要渠道（万永芳，2023：97）。多模态教学评估包含了多重内容维度，不仅关注学生对文本信息的听力理解能力，还考查学生在商务环境中的实际听力技能，包括信息获取、主题识别、关键信息抽取等综合运用能力、瞬间记忆能力以及学生的语言表达能力，同时还关注教学过程的质量，包括教材、教学方法、媒体选择等。

多维度评估多模态教学旨在改进商务英语听力教学的质量和效果。这一目标通过收集和整理相关数据实现，多维度评估多模态教学的有效性可以随时根据评估结果调整和改进教学方法以及教学材料，确保教学更贴近实际需求，学生更好地适应多模态教学的需求，获得最佳学习体验，使商务英语听力技能和应用能力得到全面提升。

多模态教学的评估形式多样。新媒体评估、学生互评、学生自评、教师评估等多种形式相结合，还可以对学生进行阶段性评估和终结性评估；例如评估学生参与度时，可以考察他们是否积极参与课堂听力练习、角色互动和小组讨论等多模态教学活动；了解学生是否在多模态教学课堂之后进行自主学习以巩固听力技能，可以通过教师提供多模态课外学习资源来实现；评估学生商务英语听力技能的进步情况，可以定期进行听力测试，比较教学前和教学后学生听力水平的变化。

提供丰富灵活的教学反馈同样至关重要。这种反馈涵盖对学生各项听力技能的评估和学生对多模态教学的看法和受益程度。通过学生反馈调查、实时的学习过程

监控表、自主学习反馈记录、讨论会和自我评估等多种方式获取，有助于学生更好地认识自身听力技能的优势和不足。

3 多模态教学模式在商务英语听力教学中的实施

通过实验研究法，可以验证多模态教学模式在大学商务英语听力教学的可行性，以及提高商务英语听力能力和整体水平的有效性。

3.1 研究问题

教学实验设计拟围绕以下两个问题展开：

（1）多模态教学模式的应用是否能提高学生的商务英语听力能力？

（2）多模态听力教学模式是否对不同听力水平的商务英语专业学生产生整体影响？

3.2 实验对象及选取意义阐述

为保证数据的客观性和有效性，本研究在四川外国语大学商务英语学院三年级选取了两个商务英语专业的班级为实验对象展开教学实验。随机抽取1班为控制班，采用传统教学模式，2班为实验班，采用多模态教学模式，两个班均有25名学生，教材统一采用对外经济贸易大学出版社出版，江春主编的《高级商务英语听说》，教学内容、课时及进度完全一致，展开了为期一学期的对比试验研究，同时选用了两套题题型及难度基本一致的试卷作为测试卷。

针对问题（1）的研究，采用实验开始前的测试成绩作为前测成绩，实验结束后的测试成绩为后测成绩，进行对比分析；针对问题（2）的研究，采用后测成绩进行分析，并按照秦晓晴（2003）关于高中低水平划分标准，把实验班成绩前27%的学生（7人）划为高水平组，后27%的学生（7人）划分为低水组，中间46%的学生（11人）划分为中水平组。

3.3 实验结果分析与讨论

本实验采用了混合研究方法，结合了定量和定性数据分析法，主要借助SPSS 26.0软件对学生的前测成绩及后测成绩进行分析，同时对其进行独立样本t检验。

如表1，实验前，控制班听力前测成绩均值是75.44，实验班前测成绩均值是74.64，均值差为0.8，控制班均值略高，但差距甚微，数据结果表明两个班级学生的商务英语听力理解水平并无较大差异。

表1 商务英语听力前测成绩统计量

班级	N	均值	标准差	均值的标准误
控制班	25	75.44	10.662	2.132
实验班	25	74.64	8.934	1.787

如表2，控制班与实验班前测成绩通过Levene方差齐性检验$F=1.488$，Sig（$p=0.228>0.05$），可以根据数据展开后续的独立样本t检验，t检验结果显示控制班和实验班成绩无显著性差异（$p=0.775>0.05$），可以作为本研究的实验研究对象。

表2 前测听力成绩独立样本t检验

方差方程的Levene检验		均值方程的t检验						
							差值的95%置信区间	
F	Sig	t	df	Sig（双侧）	标准误差差值		下限	上限
1.488	0.228	0.288	48	0.775	0.800		-4.794	6.394

如表3，实验后，控制班商务英语听力的后测成绩均值为79.56，实验班的后测成绩均值为85.96。与前测成绩相比，两个班的成绩均有提升；控制班的前测成绩与后测成绩均值差为4.12，实验班的前测成绩与后测成绩均值差为9.32，实验班的后

测成绩相比控制班显著提高。

表3 后测听力成绩统计量

班级	N	均值	标准差	均值的标准误
控制班	25	79.56	9.548	1.910
实验班	25	85.96	8.561	1.712

如表4，控制班与实验班后测成绩通过Levene方差齐性检验F=1.227，Sig（$p=0.274>0.05$），可以根据数据展开后续的独立样本t检验，t检验结果显示控制班与实验班后测商务英语听力成绩具有显著的差异（$p=0.016<0.05$）。

表4 后测听力成绩独立样本t检验

方差方程的Levene检验		均值方程的t检验					
						差值的95%置信区间	
F	Sig	t	df	Sig（双侧）	标准误差差值	下限	上限
1.227	0.274	-2.495	48	0.016	-6.400	-2.565	-11.557

表1至表4的数据分析结果显示，两个班的商务英语听力后测成绩相比前测成绩均有提升，但实验班的后测成绩与前测成绩相比有更为显著的提升。前测与后测的双侧t检验显著性概率为0.016，小于0.05的显著水平，且后测成绩差值的95%置信区间下限和上限不含零，说明学生的商务英语听力前测和后测成绩之间存在显著差异；前测成绩均值实验班的略低于控制班，后测成绩均值实验班比控制班高6.4，实验班相较控制班的听力成绩提高速度明显更快。由此可见，多模态教学模式应用于商务英语听力教学的确有助于学生提高听力能力。

如表5，实验班听力高水平学生的前测成绩与后测成绩均值差为9.71，中水平学生的前测成绩与后测成绩均值差为11.91，低水平学生的前测成绩与后测成绩均值差为12。由此可见，实验班高水平、中水平和低水平学生的商务英语听力成绩均值都有显著提升，通过多模态商务英语听力教学模式的应用，低水平学生的听力成绩提升幅度最大，中、高水平学生次之。

表5 实验班高、中、低听力水平者听力成绩前后测配对样本统计量

前后测高中低水平者		平均值	N	标准差	均值标准误
高水平	前测高水平听力者	84.43	7	3.409	1.288
	后测高水平听力者	94.14	7	1.215	0.459
中水平	前测中水平听力者	75.91	11	3.145	0.948
	后测中水平听力者	87.82	11	3.060	0.923
低水平	前测低水平听力者	62.86	7	3.805	1.438
	后测低水平听力者	74.86	7	6.914	2.613

如表6，实验班高、中、低听力水平学生实验前后听力成绩的成对样本t检验统计量，从Sig可知前后测高水平、中水平和低水平学生商务英语听力成绩均具有显著性差异，均为$p=0.001<0.05$。经过一学期的多模态听力教学实验之后，不同层次学生的听力成绩都有明显提高，均值差显示：低水平＞中水平＞高水平（4.715＞2.98＞1.286），由此可见，多模态教学手段对对低水平学生的听力成绩提升最为明显，中、高听力水平学生次之。

表6 实验班高、中、低听力水平者听力成绩前后测配对样本t检验

前后测高中低水平者		均值	标准差	成对差分均值的标准误下限	差分的95%置信区间		t	df	Sig
					上限				
高水平	前测-后测	-12.000	3.367	1.272	-15.113	-8.887	-9.431	6	.000
中水平	前测-后测	-11.909	0.831	0.251	-12.468	-11.351	-47.519	10	.000
低水平	前测-后测	-9.714	2.289	0.865	-11.831	-7.598	-11.230	6	.000

表5和表6的数据分析结果同样表明，多模态教学模式应用于高校商务英语听力教学中会对高、中、低不同听力水平的商务英语专业学生产生整体的正面影响，其中，低水平学生的听力成绩提升最为明显，其次为中、高听力水平学生。

4 结语

本文基于多模态教学理论，采用实证研究的方法，分析比较实验班和控制班的差异，对商务英语听力教学中多模态教学模式构建及其在大学商务英语听力教学中应用后产生的教学效果进行探讨。

研究表明，商务英语听力多模态教学与学生的听力能力呈正相关关系，低水平学生在提高听力成绩方面取得了最显著的进步，紧随其后的是中、高水平学生。因此，将多模态方法合理应用于商务英语听力教学是十分有效并且完全可行的。

这种教学模式能够更好地激发学生的学习积极性，并提高他们的信息获取效率，确实可以实现教学效果最优化。此外，多模态教学鼓励多感觉的协同互动，这更贴近实际语言交际情境。在实际教学中，各种感觉模态需要相互协调，而不是独立存在的。

多模态教学模式在商务英语听力教学中的应用研究目前仍显缺乏，本研究为这一领域提供了更多的信息和见解，但数据样本限于对同一所高校商务英语专业三年级学生的调查和分析，同样的多模态实验研究可应用于商务英语专业的低年级学生或者其他学科领域的学生，以更深入地研究多模态在听力教学中的作用和影响。

参考文献

胡壮麟，董佳，2006. 意义的多模态构建——对一次PPT演示竞赛的语篇分析 [J]. 外语电化教学（3）：3-12.

雷茜，张春蕾，2022. 英语课堂教学的模态调用研究——多模态教学文体学视角 [J]. 外语与外语教学（3）：73-83, 121, 148-149.

李欣，李玫瑛，王佳子，2012. 多模态自主听力教学模式有效性的实证研究 [J]. 解放军外国语学院学报（6）：59-64，126.

李战子，2003. 多模式话语的社会符号学分析 [J]. 外语研究（5）：1-8，80.

秦晓晴，2003. 外语教学研究中的定量数据分析 [M]. 武汉：华中科技大学出版社.

万永芳，2023. 基于改编电影的英美文学多模态教学模式建构 [J]. 高教学刊（16）：94-97.

许美婷，2023. 基于多模态理论的高中英语听力教学 [J]. 科教导刊（14）：119-122.

姚阳，2011. "多模态"英语教学综合评价体系的构建 [J]. 辽宁农业职业技术学院学报（4）：28-30.

游戚东梦，吴文妹，2021. 多模态话语理论在大学英语听力教学中的应用 [J]. 湖北开放职业学院学报（2）：167-168.

张德禄，2010. 多模态外语教学的设计与模态调用初探 [J]. 中国外语（3）：48-53.

朱永生，2008. 多元读写能力研究及其对我国教学改革的启示 [J]. 外语研究（4）：10-14.

GUICHON M, 2008. The effects of multimodality on L2 learners: implications for CALL resource design [J]. System, 36 (1): 85-93.

MOHSEN M, 2016. The use of help options in multimedia listening environments to aid language learning: a review [J]. British journal of educational technology, 47 (6):1232-1242.

WEINBERG A, 2002. Virtual misadventures: technical problems and student satisfaction when implementing multimedia in an advanced French listening comprehension course [J]. CALICO journal, 19 (2): 331-357.

UNWORTH L, 2001. Teaching multiliteracies across the curriculum changing contexts of text and image in classroom practice [M]. Buckingham, UK: Open University Press.